Dieses Buch gehört:

....

Mein erstes großes Englisch Bildwörterbuch

Zeichnungen von Angela Weinhold

GONDROM

Gondrom Verlag GmbH, Bindlach 2001
ISBN 3-8112-1869-7

Der Umwelt zuliebe ist dieses Buch auf chlorfrei gebleichtem Papier gedruckt.

Inhalt

Mein Körper/**My Body**

Das Gesicht/**The Face**

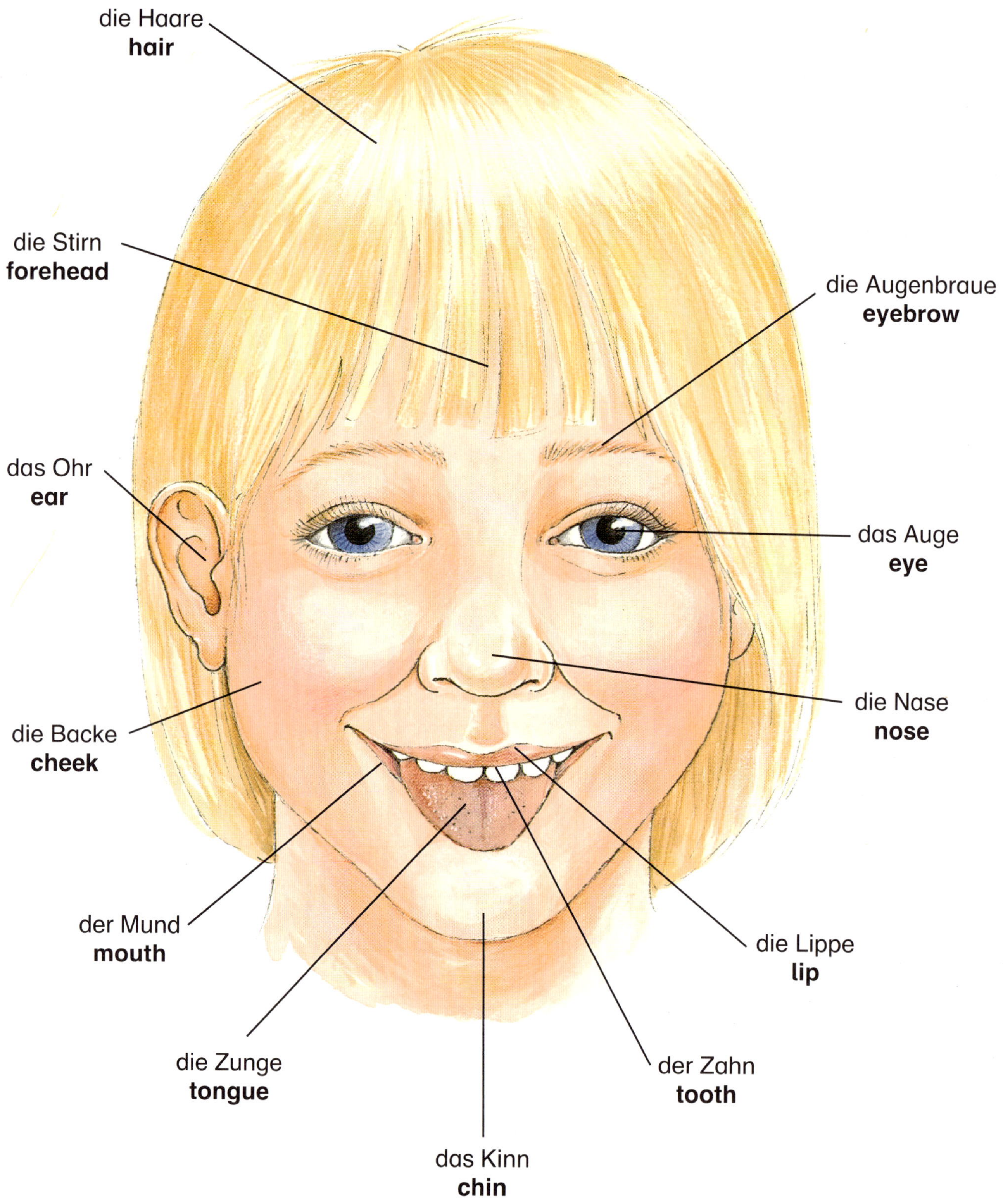

Der Körper/**The Body**

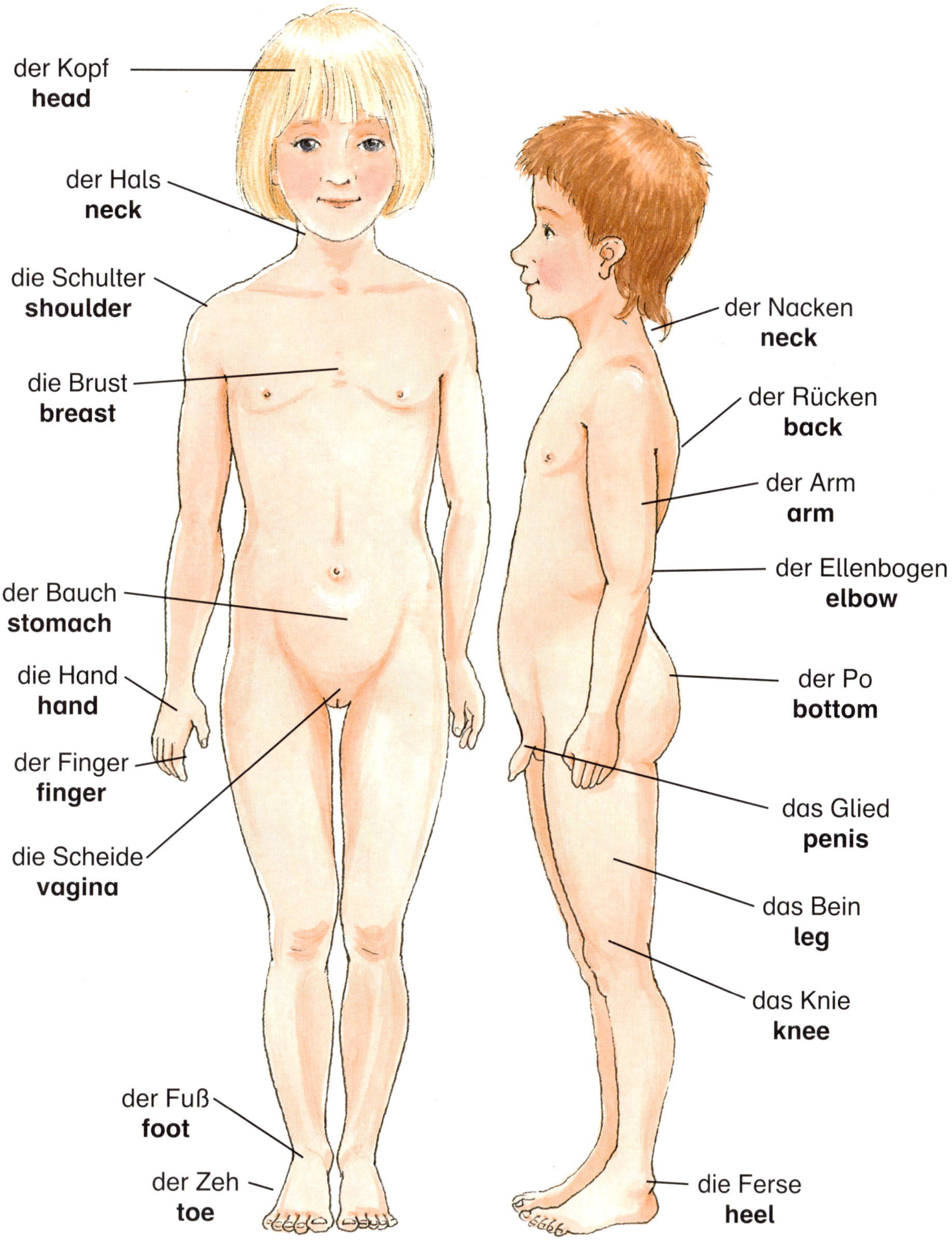
der Kopf
head
der Hals
neck
die Schulter
shoulder
die Brust
breast
der Bauch
stomach
die Hand
hand
der Finger
finger
die Scheide
vagina
der Fuß
foot
der Zeh
toe
der Nacken
neck
der Rücken
back
der Arm
arm
der Ellenbogen
elbow
der Po
bottom
das Glied
penis
das Bein
leg
das Knie
knee
die Ferse
heel

Die Kleidung/**Clothes**

das Unterhemd **vest**
die Unterhose/**pants**
die Socken **socks**
die Strümpfe **stockings**
die Strumpfhose **tights**
die Bluse/**blouse**
der Knopf **button**
das Hemd **shirt**
der Rock/**skirt**
das T-Shirt/**T-shirt**
die Hose **trousers**
die Latzhose **dungarees**
das Nachthemd **nightdress**
der Schlafanzug **pyjamas**
die Strickjacke **cardigan**
der Gürtel/**belt**
der Reißverschluss **zipper**
der Pullover/**jumper**
die kurze Hose **shorts**
die Jeans **jeans**
der Trainingsanzug **track-suit**
das Sweatshirt **sweatshirt**

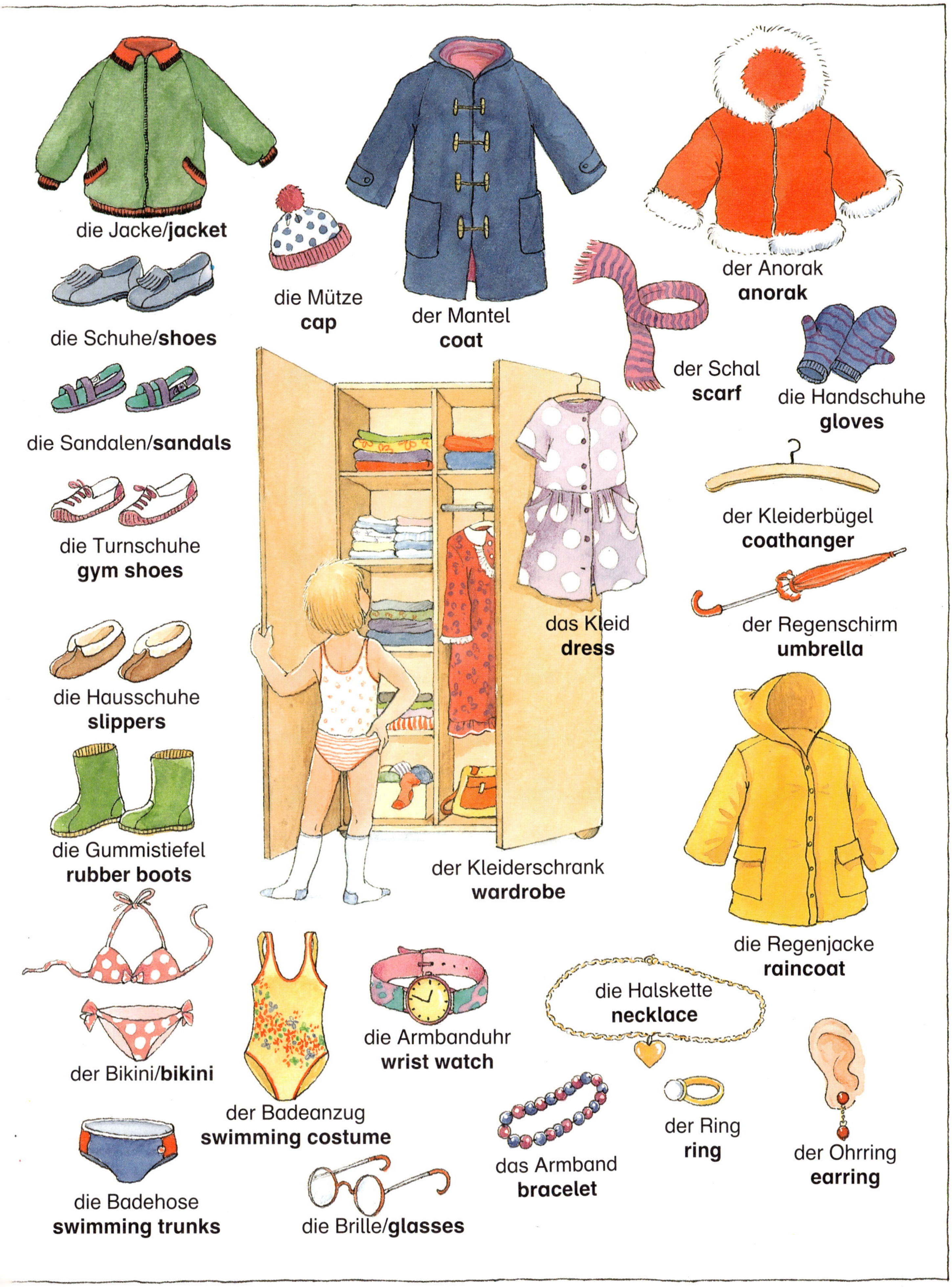
die Jacke/**jacket**
die Mütze
cap
der Mantel
coat
der Anorak
anorak
die Schuhe/**shoes**
der Schal
scarf
die Handschuhe
gloves
die Sandalen/**sandals**
die Turnschuhe
gym shoes
der Kleiderbügel
coathanger
das Kleid
dress
der Regenschirm
umbrella
die Hausschuhe
slippers
die Gummistiefel
rubber boots
der Kleiderschrank
wardrobe
die Regenjacke
raincoat
die Halskette
necklace
die Armbanduhr
wrist watch
der Bikini/**bikini**
der Badeanzug
swimming costume
das Armband
bracelet
der Ring
ring
der Ohrring
earring
die Badehose
swimming trunks
die Brille/**glasses**

In der Küche/**In the Kitchen**

die Schüssel
bowl
der Deckel
lid
der Topf
pot
die Pfanne
pan
der Topflappen
panholder
der Schwamm
sponge
die Bürste
brush
das Spülmittel
washing-up liquid
die Zitronenpresse
lemon squeezer
die Kuchenform
cake tin
die Küchenrolle
kleenex
der Herd
stove
das Geschirrtuch
tea towel
die Spüle
sink
der Backofen
oven
der Mülleimer
rubbish bin
die Geschirrspülmaschine
dishwasher
das Nudelholz
rolling pin
das Sieb
sieve
die Reibe
grater

der Teller
plate
der Suppenteller
soup plate
die Tasse
cup
die Untertasse
saucer
der Becher
cup
der Mikrowellenherd
microwave oven
das Geschirr
dishes
der Eierbecher
eggcup
das Glas
glass
die Gewürze
spices
die Kaffeemaschine
coffee machine
der Toaster
toaster
der Kühlschrank
refrigerator
das Messer
knife
die Gabel
fork
der Esslöffel
spoon
der Teelöffel
teaspoon
die Schürze
apron
das Küchenmesser
kitchen knife
das Brett/board
der Gefrierschrank
freezer
der Schneebesen
whisk
der Kochlöffel
cooking spoon
das Backblech
baking tray
die Dose
tin
der Dosenöffner
tin-opener
der Korkenzieher
corkscrew
die Suppenkelle
soup ladle
der Pfannenwender
scraper

Im Esszimmer/**In the Dining-Room**

die Suppe
soup
die Pizza/pizza
das Spiegelei
fried egg
die Spagetti/spaghetti
die Soße
sauce
der Toast
toast
das Brot
bread
der Tee
tea
das Tablett
tray
der Fisch
fish
die Fischstäbchen
fish fingers
das Brötchen/roll
die Zuckerdose
sugar bowl
der Käse
cheese
der Braten
roast meat
die Milch
milk
die Wurst
sausage
das Hähnchen
chicken
der Kakao
cocoa
das Müsli
muesli
der Honig
honey
das Schnitzel
schnitzel
die Bratwurst
fried sausage
der Hamburger
hamburger
die Pommes frites
chips

der Reis
rice
die Bratkartoffeln
fried potatoes
das Gemüse
vegetables
der Vater
father
der Salat
salad
die Mutter
mother
die Brezel
pretzel
der Pudding
pudding
das Ei
egg
die Kanne
pot
der Kuchen
cake
der Kaffee
coffee
das Eis
ice-cream
die Butter
butter
die Marmelade
jam
der Quark
curd cheese
das Milchkännchen
milk jar
der Saft
juice
der Ketschup
ketchup
der Salzstreuer
salt shaker
die Pfeffermühle
pepper-mill
der Senf
mustard
die Serviette
napkin

Im Badezimmer/**In the Bathroom**

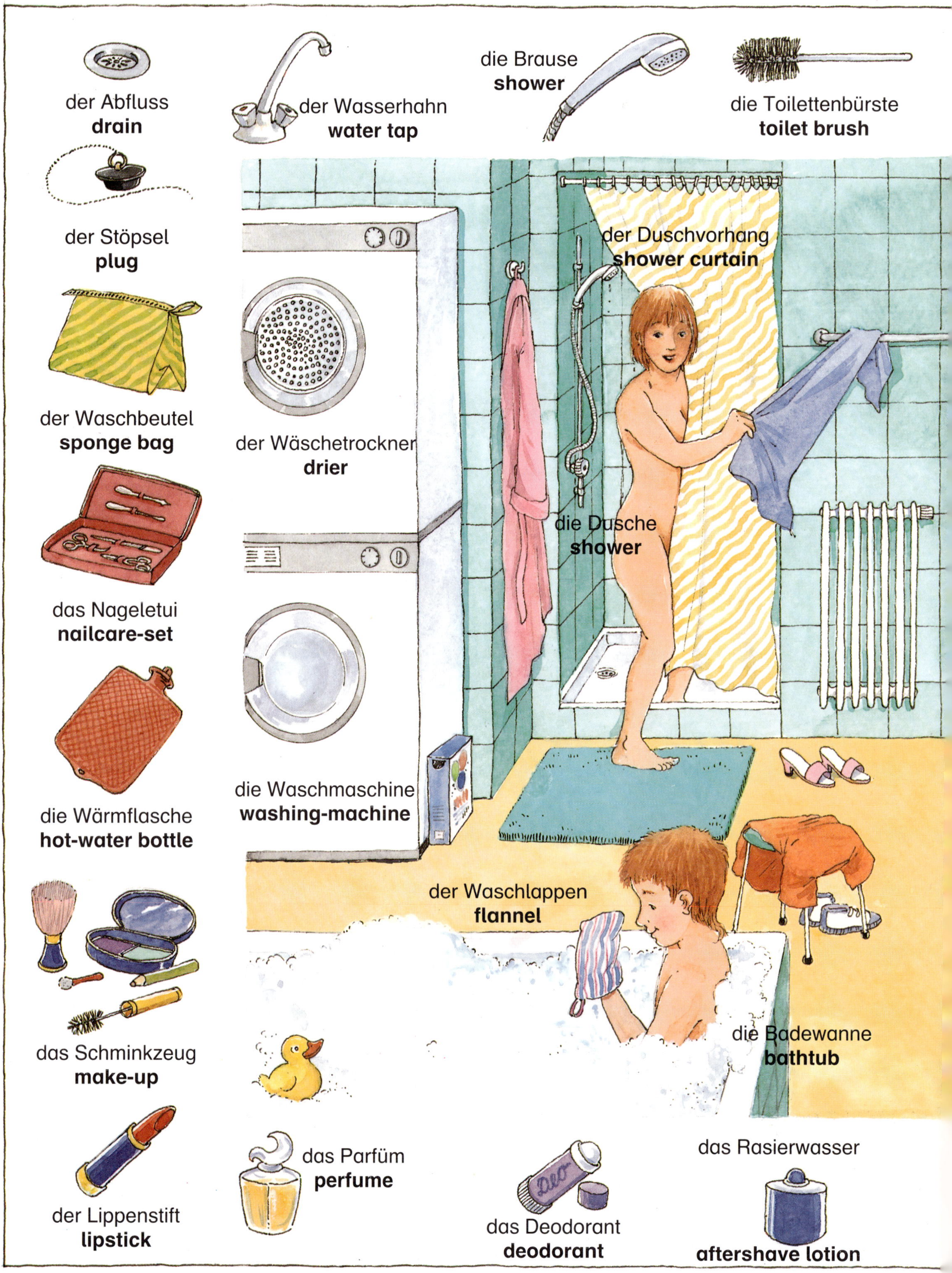

der Abfluss
drain
der Wasserhahn
water tap
die Brause
shower
die Toilettenbürste
toilet brush
der Stöpsel
plug
der Duschvorhang
shower curtain
der Waschbeutel
sponge bag
der Wäschetrockner
drier
die Dusche
shower
das Nageletui
nailcare-set
die Waschmaschine
washing-machine
die Wärmflasche
hot-water bottle
der Waschlappen
flannel
das Schminkzeug
make-up
die Badewanne
bathtub
der Lippenstift
lipstick
das Parfüm
perfume
das Deodorant
deodorant
das Rasierwasser
aftershave lotion

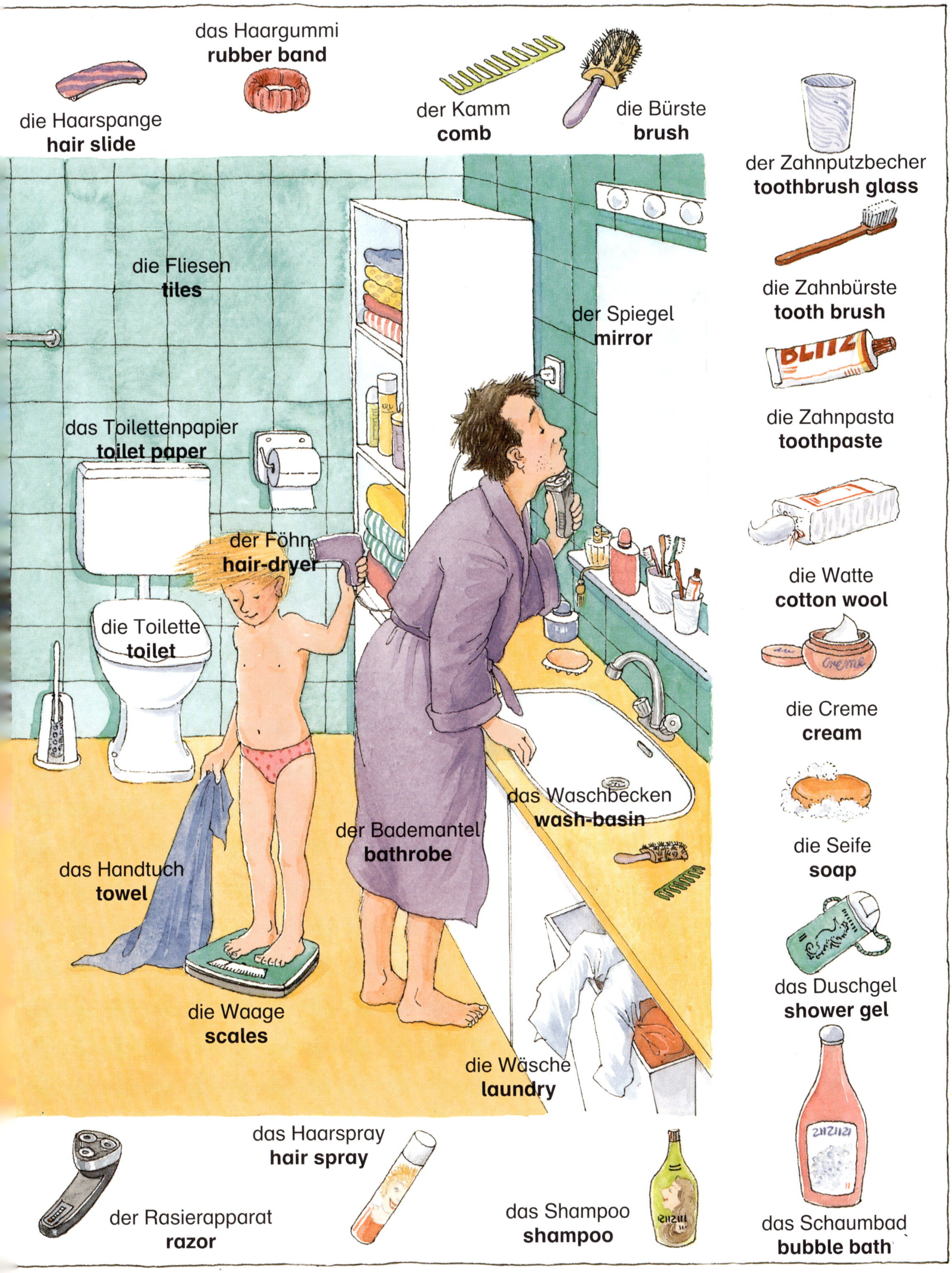

die Haarspange
hair slide
das Haargummi
rubber band
der Kamm
comb
die Bürste
brush
der Zahnputzbecher
toothbrush glass
die Zahnbürste
tooth brush
BLITZ
die Zahnpasta
toothpaste
die Fliesen
tiles
der Spiegel
mirror
das Toilettenpapier
toilet paper
der Föhn
hair-dryer
die Toilette
toilet
die Watte
cotton wool
Creme
die Creme
cream
die Seife
soap
das Waschbecken
wash-basin
der Bademantel
bathrobe
das Handtuch
towel
das Duschgel
shower gel
die Waage
scales
die Wäsche
laundry
das Haarspray
hair spray
der Rasierapparat
razor
das Shampoo
shampoo
das Schaumbad
bubble bath

Im Wohnzimmer/**In the Living-Room**

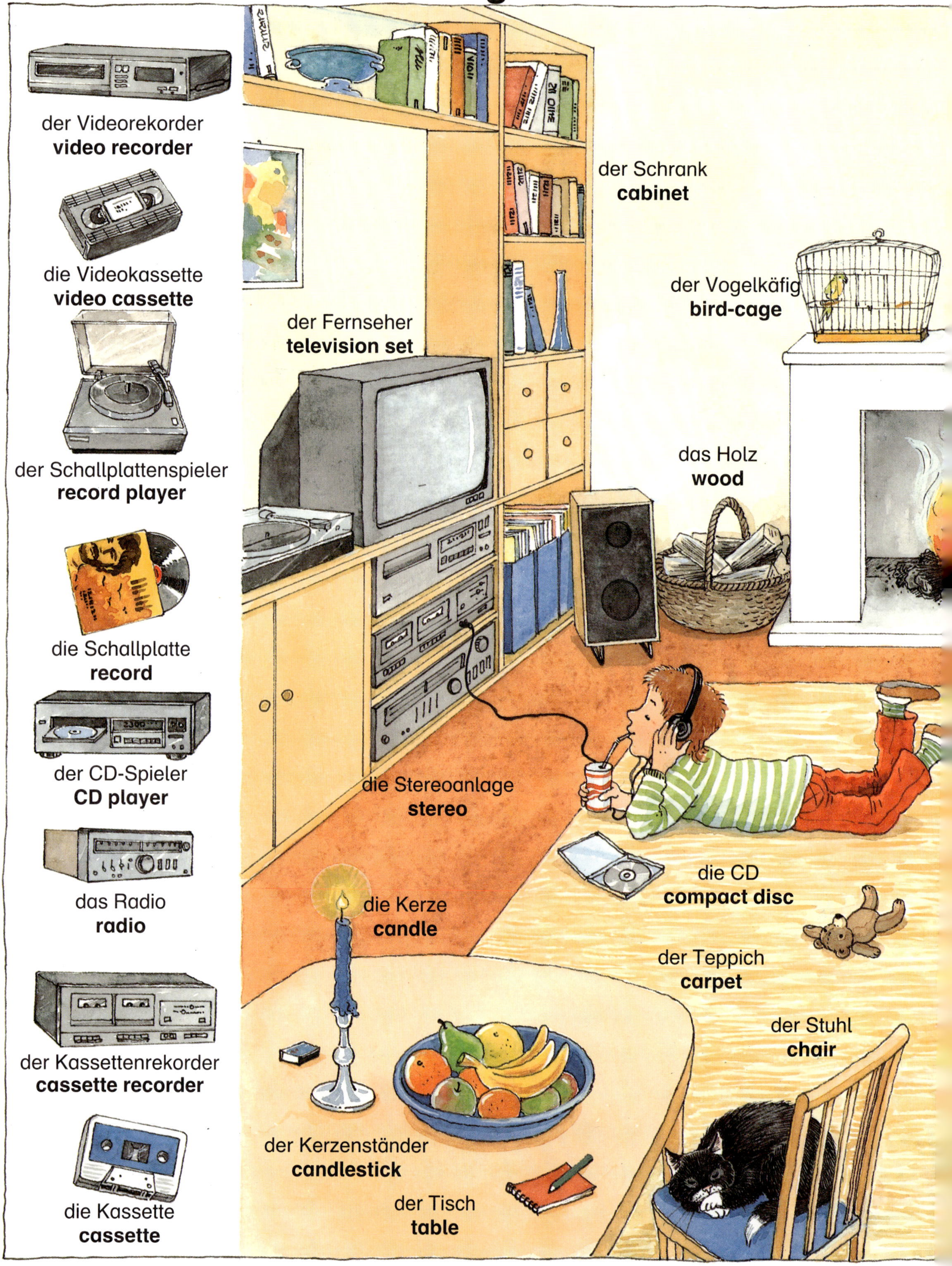
der Videorekorder
video recorder
die Videokassette
video cassette
der Schallplattenspieler
record player
die Schallplatte
record
der CD-Spieler
CD player
das Radio
radio
der Kassettenrekorder
cassette recorder
die Kassette
cassette
der Fernseher
television set
der Schrank
cabinet
der Vogelkäfig
bird-cage
das Holz
wood
die Stereoanlage
stereo
die CD
compact disc
die Kerze
candle
der Teppich
carpet
der Stuhl
chair
der Kerzenständer
candlestick
der Tisch
table

das Bild
picture
die Lampe
lamp
der Vorhang
curtain
das Foto
photo
die Frau
woman
der Kamin
fireplace
das Feuer
fire
der Sessel
easy chair
die Vase
vase
der Mann
man
das Sofa
sofa
das Telefon
telephone
die Fernbedienung
remote control
die Glühbirne
light bulb
die Steckdose
socket
die Zeitung
newspaper
das Buch
book
das Kissen
cushion
die Streichhölzer
matches

Im Kinderzimmer/**In the Children's-Room**

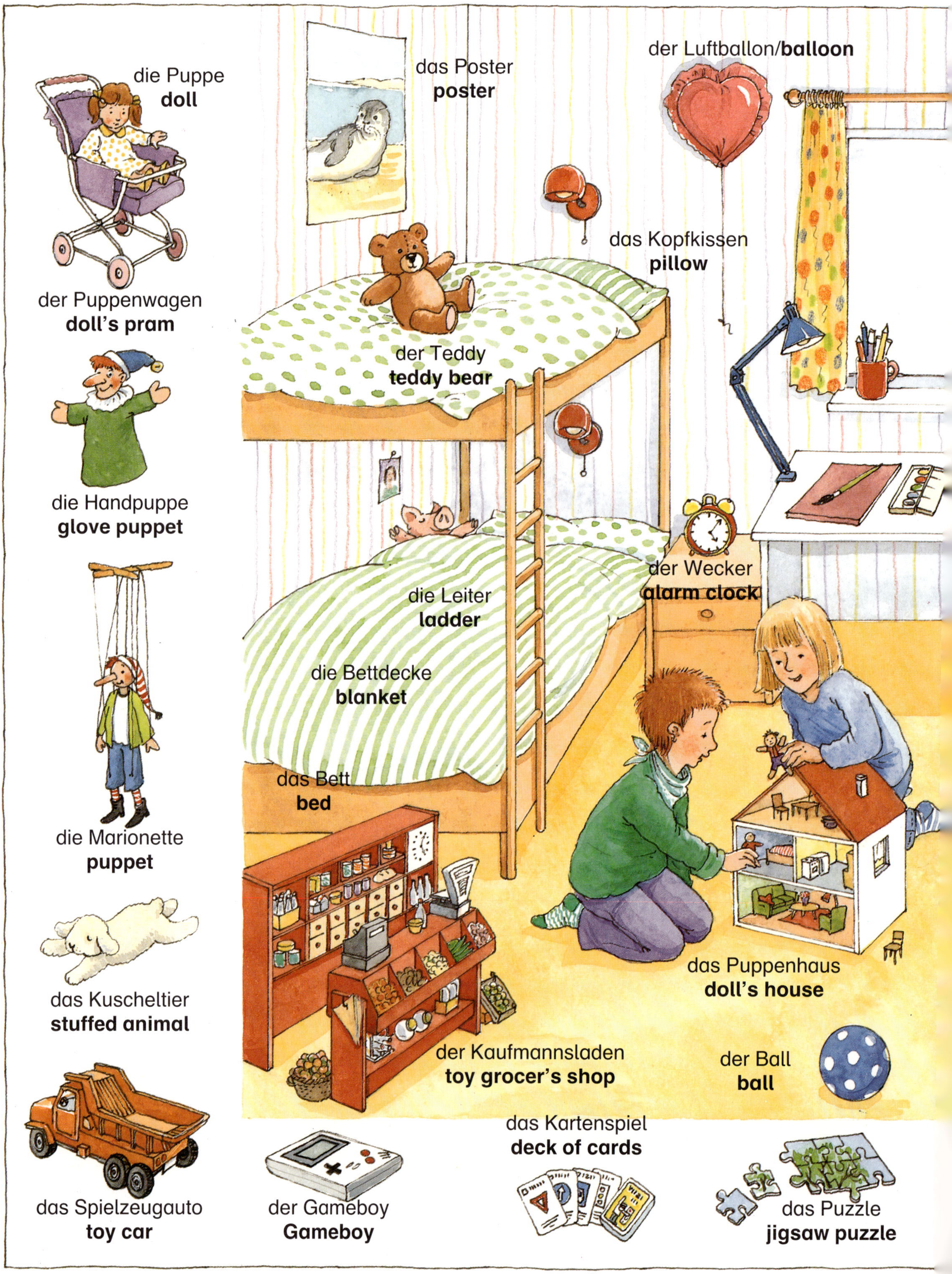
die Puppe
doll
das Poster
poster
der Luftballon/**balloon**
der Puppenwagen
doll's pram
das Kopfkissen
pillow
der Teddy
teddy bear
die Handpuppe
glove puppet
der Wecker
alarm clock
die Leiter
ladder
die Bettdecke
blanket
das Bett
bed
die Marionette
puppet
das Puppenhaus
doll's house
das Kuscheltier
stuffed animal
der Kaufmannsladen
toy grocer's shop
der Ball
ball
das Kartenspiel
deck of cards
das Spielzeugauto
toy car
der Gameboy
Gameboy
das Puzzle
jigsaw puzzle

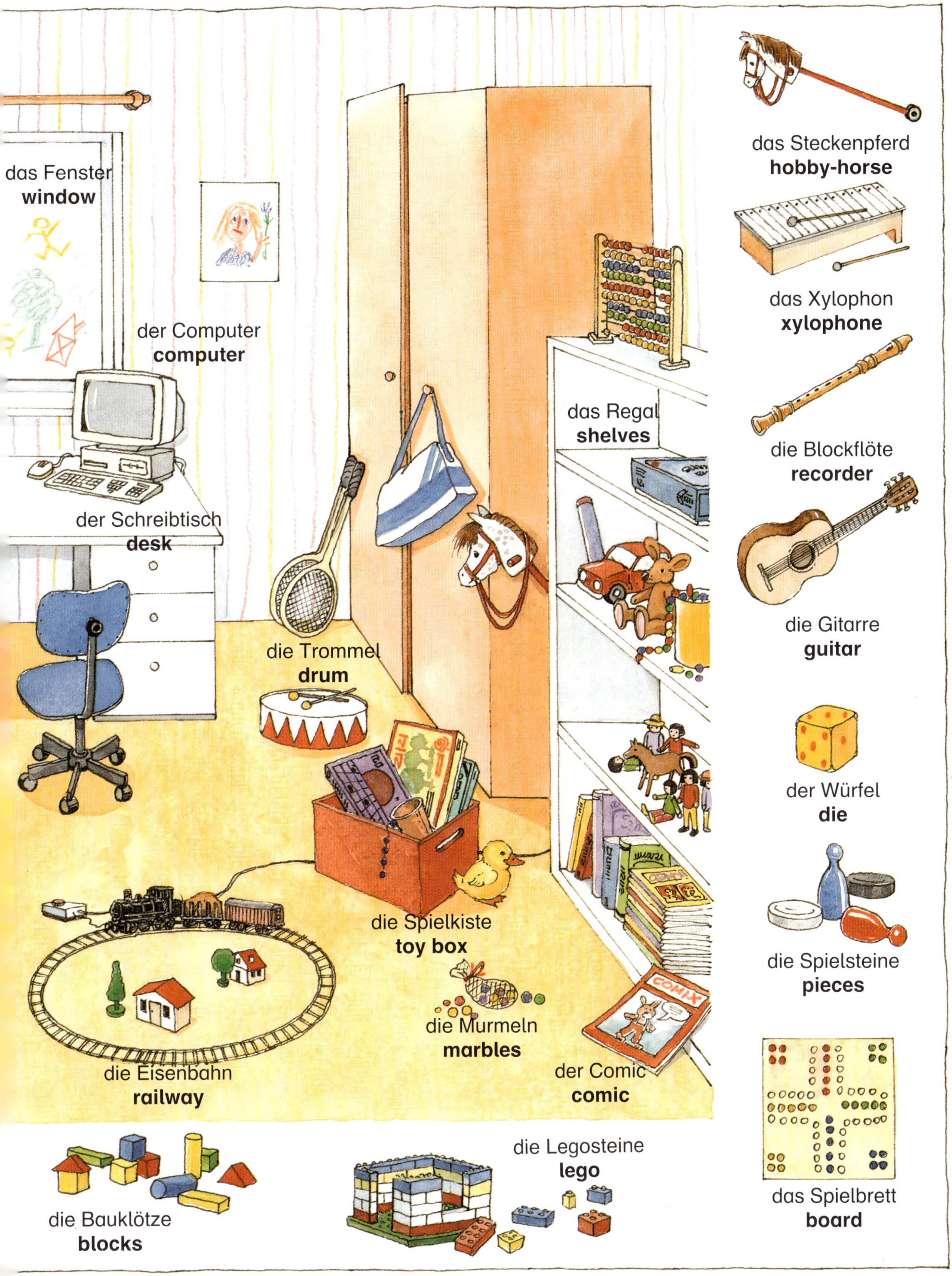
das Fenster
window
der Computer
computer
der Schreibtisch
desk
die Trommel
drum
das Regal
shelves
die Spielkiste
toy box
die Murmeln
marbles
die Eisenbahn
railway
der Comic
comic
COMIX
das Steckenpferd
hobby-horse
das Xylophon
xylophone
die Blockflöte
recorder
die Gitarre
guitar
der Würfel
die
die Spielsteine
pieces
das Spielbrett
board
die Bauklötze
blocks
die Legosteine
lego

In der Schule/**At School**

das Pausenbrot
snack

die Garderobe
hall-stand

das Zeugnis
report

der Schulranzen
satchel

das Schulbuch
school book

der Ordner
file

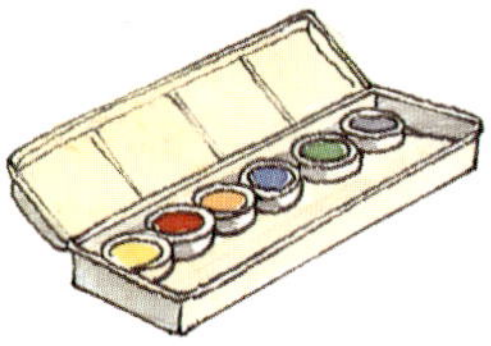

der Farbkasten
paint box

der Pinsel
brush

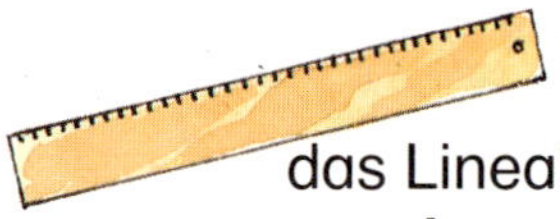

das Lineal
ruler

2+3=
die Wand
wall
die Landkarte
map
WORT
das Wort
word
A B C D E F
G H I J K L
M N O P Q R S
T U V W X Y Z
das Alphabet
alphabet
der Schwamm
sponge
die Zeichnung
drawing
das Heft
exercise book
der Schüler
pupil
die Schülerin
pupil
die Lehrerin
teacher
der Zeichenblock
drawing pad
der Bleistift
pencil
der Buntstift
coloured pencil
der Wachsmalstift
wax crayon
der Filzstift
felt-tip pen
der Kugelschreiber
biro
der Füller
fountain pen
die Patrone
cartridge
der Spitzer
sharpener
der Zirkel
pair of compasses
die Schere
scissors
der Tesafilm
adhesive tape
der Klebstoff
glue
das Federmäppchen
pencil case
der Radiergummi
rubber

In der Stadt/**In the Town**

die Reklame
advertisement

die Litfaßsäule
advertising column

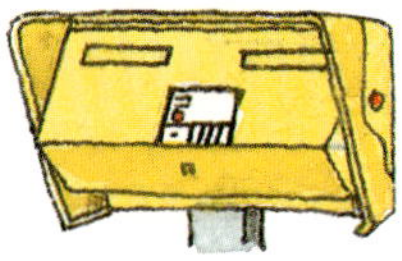

der Briefkasten
letter box

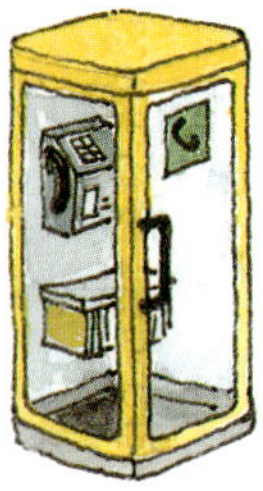

die Telefonzelle
phone booth

der Straßenmaler
street artist

der Straßenmusikant
street musician

die Müllcontainer
recycling bin

Friseur
hairdresser
Blumenladen
flower shop
museum
Museum
department
store
Kaufhaus
Kaufhaus
Apotheke
pharmacy
Café
café
die Treppe
stairs
die Fußgängerzone
pedestrian precinct
Zone
der Polizist
policeman
die Kreuzung
crossroads
der Zebrastreifen
zebra crossing
Büro
die Fußgänger
pedestrians
die U-Bahn
subway
das Büro
office
Bank
die Bank
bank
die Haltestelle
stop
die Parkuhr
parking meter
die Straßenlaterne
street lantern
die Ampel
traffic lights
das Fahrrad
bicycle
Kinderstadt
Kreis Loewe
das Ortsschild
place name sign

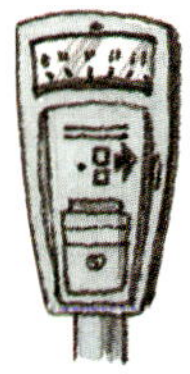

Der Verkehr/**Traffic**

In der Luft/**In the Air**

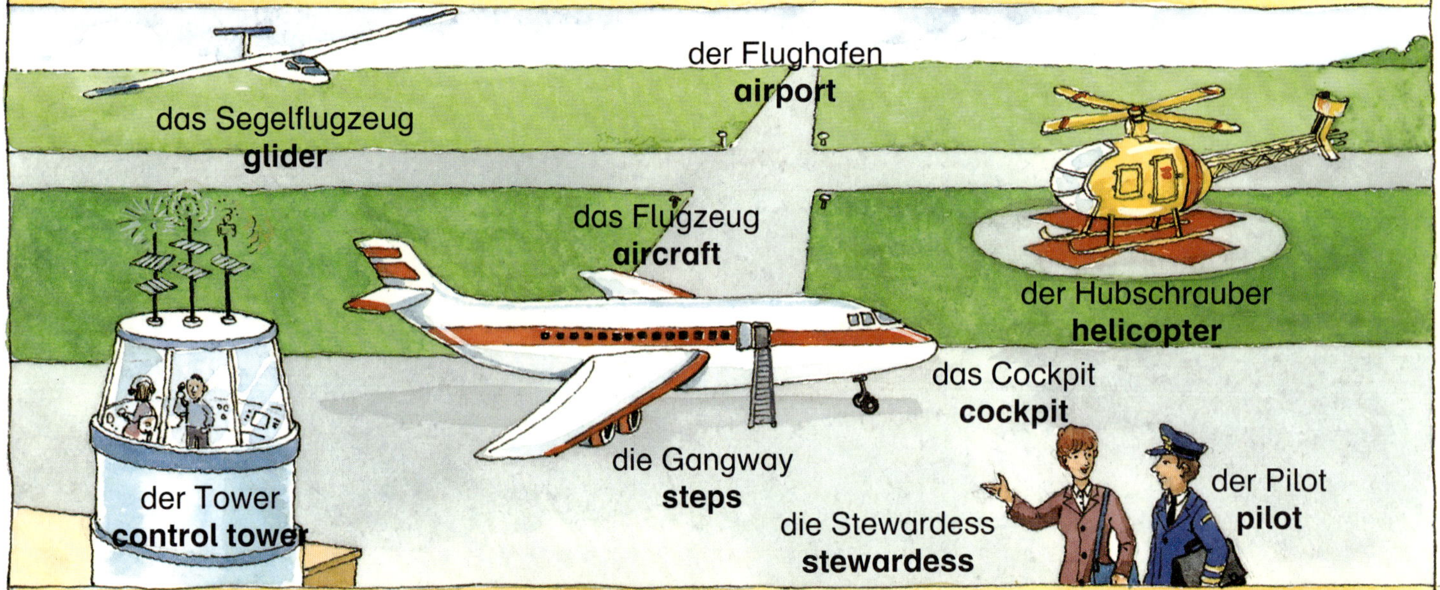

Auf dem Wasser/**At Water**

Auf den Schienen/**On the Tracks**

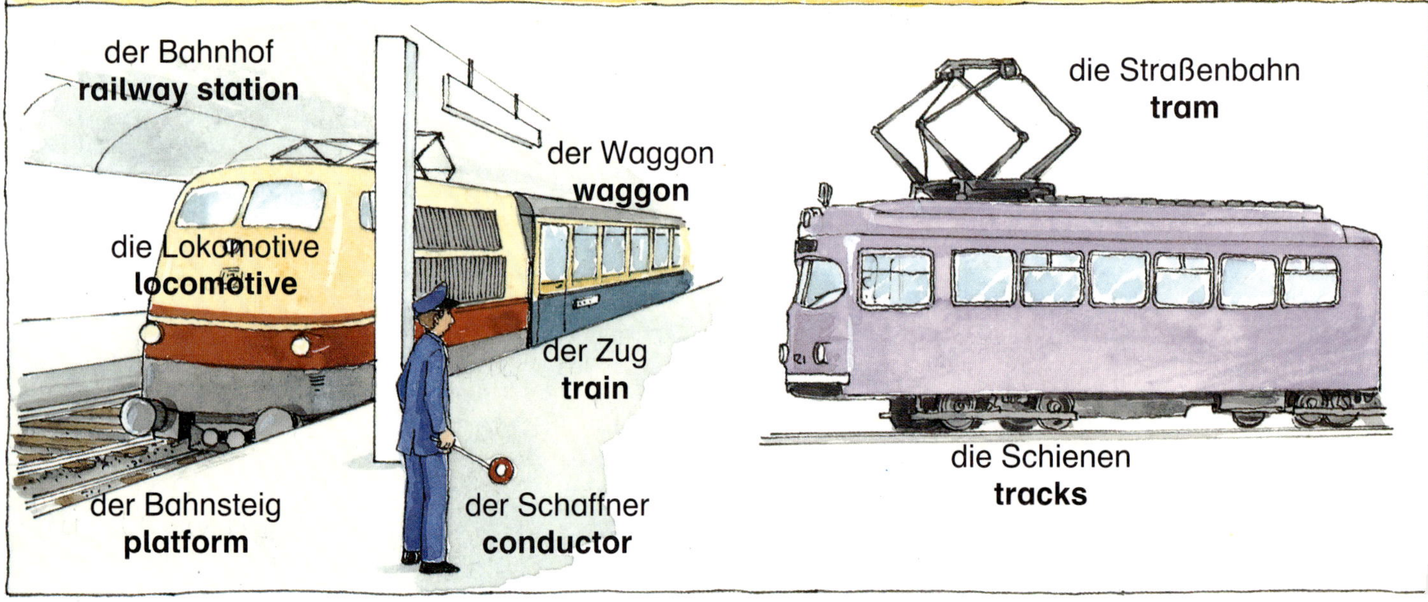

Auf der Straße/**In the Street**

das Auto
car

das Motorrad
motorcycle

der Lastwagen
lorry

das Verkehrsschild
traffic sign

das Benzin
petrol

die Tankstelle
petrol station

die Notrufsäule
emergency telephone

der Stau
traffic jam

die Raststätte
service area

der Verkehr
traffic

der Parkplatz
car park

die Autobahn
motorway

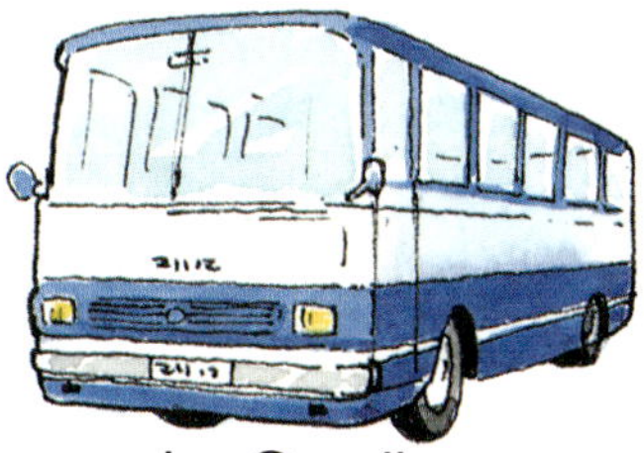

der Omnibus
coach

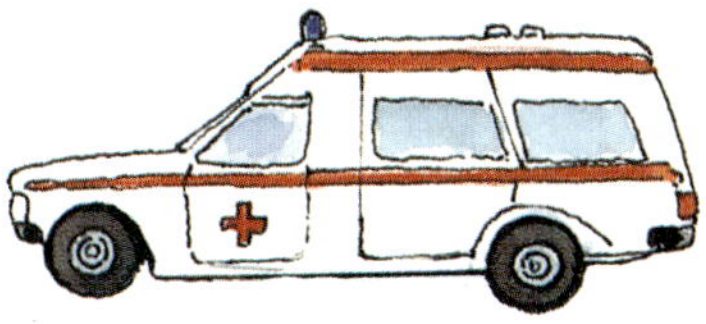

der Krankenwagen
ambulance

das Polizeiauto
police car

der Abschleppwagen
recovery vehicle

die Müllabfuhr
refuse collection

das Feuerwehrauto
fire engine

Im Supermarkt/**At the Supermarket**

die Nudeln
noodles

der Apfel
apple

die Birne
pear

die Banane
banana

die Zitrone
lemon

der Pfirsich
peach

das Mehl
flour

der Zucker
sugar

das Salz
salt

die Kirsche
cherry

die Papiertaschentücher
tissues

die Erdbeere
strawberry

die Sahne
cream

der Jogurt
yoghurt

die Mohrrübe
carrot

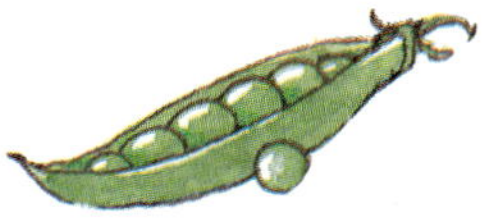

die Erbsen
peas

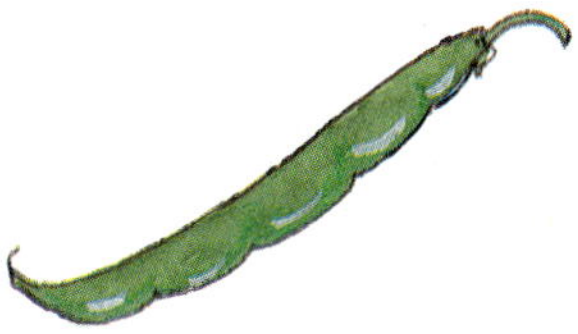

die Bohne
bean

die Flasche
bottle

die Kekse
biscuits

der Kaugummi
chewing gum

die Bonbons
sweets

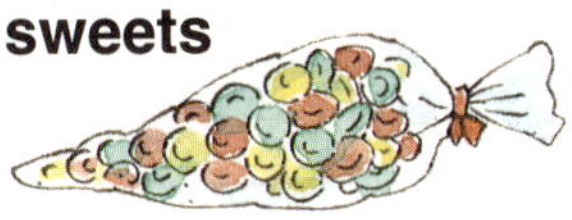

die Schokolade
chocolate

der Lutscher
lollipop

Im Zoo/**At the Zoo**

die Giraffe
giraffe
der Elefant
elephant
das Nashorn
rhino
das Känguru
kangaroo
die Familie
family
der Käfig
cage
der Gorilla
gorilla
der Braunbär
brown bear
der Löwe
lion
der Affe
monkey
Bitte nicht füttern
Elefanten
Affen
Aquarium
Streichelzoo
der Papagei
parrot
ZOO
zoo
der Eingang
entry
der Strauß
ostrich
das Zebra
zebra
das Kamel
camel

der Hai
shark
der Fisch/fish
AQUARIUM
aquarium
die Schlange
snake
das Krokodil
crocodile
der Eisbär
polar bear
der Pandabär
panda
Bitte nicht füttern
der Tierwärter
zoo-keeper
der Tiger
tiger
der Seehund
seal
der Pinguin
penguin
der Esel
donkey
der Pfau
peacock
die Ziege
goat
das Pony
pony
EIS
Streichelzoo
pet zoo
das Nilpferd
hippo

In Wald und Wiese/**In the Forest and on the Meadow**

der Schwan
swan

die Spinne
spider

die Eidechse
lizard

der Frosch
frog

der Maulwurf
mole

der Käfer
beetle

die Maus
mouse

der Igel
hedgehog

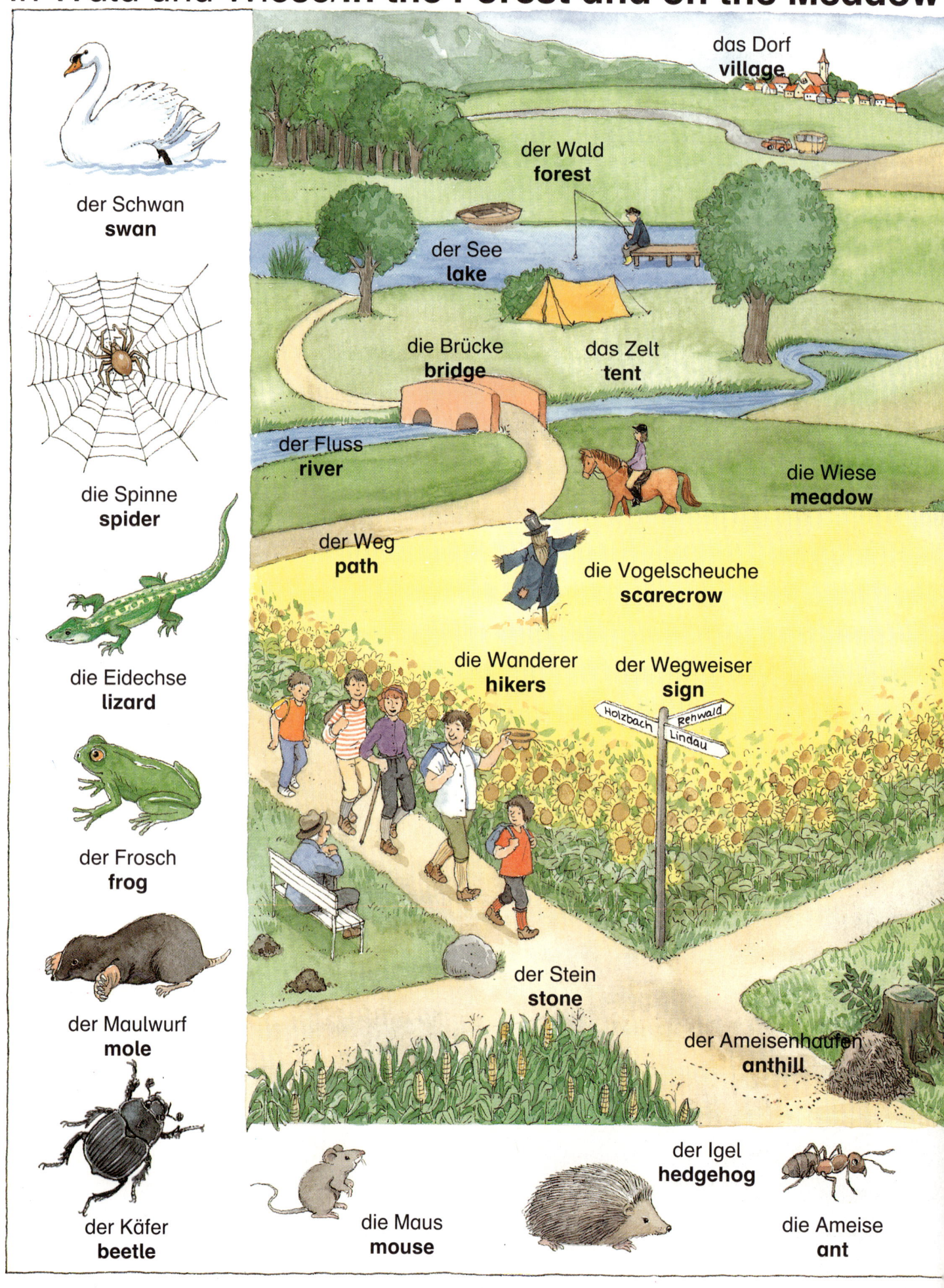

die Ameise
ant

der Berg
mountain
das Tal
valley
der Jäger
hunter
der Baum
tree
die Futterkrippe
manger
der Vogel
bird
der Ast
branch
das Gras
grass
der Stamm
trunk
die Pilze
mushrooms
das Reh
deer
der Rehbock
roebuck
der Fuchs
fox
das Wildschwein
wild pig
der Hase
hare
das Eichhörnchen
squirrel
die Eule
owl
die Schnecke
snail
die Fliege
fly
die Biene/bee

Auf dem Bauernhof/**At the Farm**

das Pferd
horse

das Fohlen
foal

die Kuh
cow

das Kalb
calf

der Stier/**bull**

das Schaf
sheep

das Lamm
lamb

das Schwein
pig

das Ferkel
piglet

das Feld
field
der Mähdrescher
combine harvester
das Getreide
grain
das Dach
roof
die Scheune
barn
die Strohballen
bales of straw
das Heu
hay
der Anhänger
trailer
der Stall
stable
der Hühnerstall
henhouse
der Misthaufen
manure heap
die Hundehütte
kennel
der Zaun
fence
das Kaninchen
rabbit
der Kaninchenstall
rabbit hutch
der Hund
dog
die Katze
cat
der Truthahn
turkey
der Hahn
cock
die Gans
goose
die Ente
duck
das Küken
chick
das Huhn
chicken

Was ich tue/**What I do**

gehen
to walk

rennen
to run

stehen
to stand

sitzen
to sit

liegen
to lie

schlafen
to sleep

träumen
to dream

aufwachen
to wake up

waschen
to wash

Zähne putzen
to brush one's teeth

kämmen
to comb

anziehen
to put on

malen
to draw

lesen
to read

schreiben
to write

singen
to sing

rechnen
to calculate

essen
to eat

trinken
to drink

spielen
to play

aufräumen
to tidy

umarmen
to embrace

streicheln
to pet

küssen
to kiss

zuhören
to listen

reden
to talk

weinen
to cry

lachen
to laugh

zeigen
to show

anschauen
to look at

schreien
to yell

flüstern
to whisper

tragen
to carry

ziehen
to pull

geben
to give

nehmen
to take

schieben
to push

springen
to jump

werfen
to throw

fangen
to catch

hinfallen
to fall down

Gegensätze/**Opposites**

dick **fat** — dünn **thin**

rau **rough** — glatt **smooth**

nass **wet** — trocken **dry**

vorne **in front of** — hinten **behind**

voll **full** — leer **empty**

groß **big** — klein **small**

sauber **clean** — schmutzig **dirty**

offen **open** — geschlossen **closed**

links **left** — rechts **right**

langsam **slow** — schnell **fast**

schwer **heavy** — leicht **light**

weich **soft**

hart **hard**

kurz **short**

lang **long**

heiß **hot** — kalt **cold**

viel
a lot of
wenig
little
fern
far
nah
near
hoch
high
niedrig
low
oben
on top
unten
at the bottom
traurig
sad
fröhlich
cheerful
richtig
right
falsch
wrong
laut
loud
leise
quiet
böse
nasty
lieb
kind
erster
first
letzter
last
krank
ill
gesund
healthy
weit
wide
eng
narrow
schön
beautiful
hässlich
ugly

Wetter, Jahreszeit und Monat/**Weather, Season and**

Das Wetter/**Weather**	Die Jahreszeit/**Season**

Months of the Year

Das Wetter/**Weather**
der Himmel
sky
der März/**March**
der April/**April**
der Mai/**May**
das Mädchen
girl
die Blumen
flowers
der Frühling
spring
der Sommer
summer
der Juni/**June**
der Juli/**July**
der August/**August**
das Meer
sea
der Strand
beach
die Wolke
cloud
der Regenbogen
rainbow
der Regen
rain
der Nebel
fog
die Sonne
sun
die Hitze
heat
BÄNG
der Donner
thunder
der Blitz
lightning
das Gewitter
thunderstorm

Woche und Uhrzeit/**Days of the Week and Time**

Die Woche/**Days of the Week**

eine Woche = 7 Tage
one week = 7 days

Die Uhrzeit/**The Time**

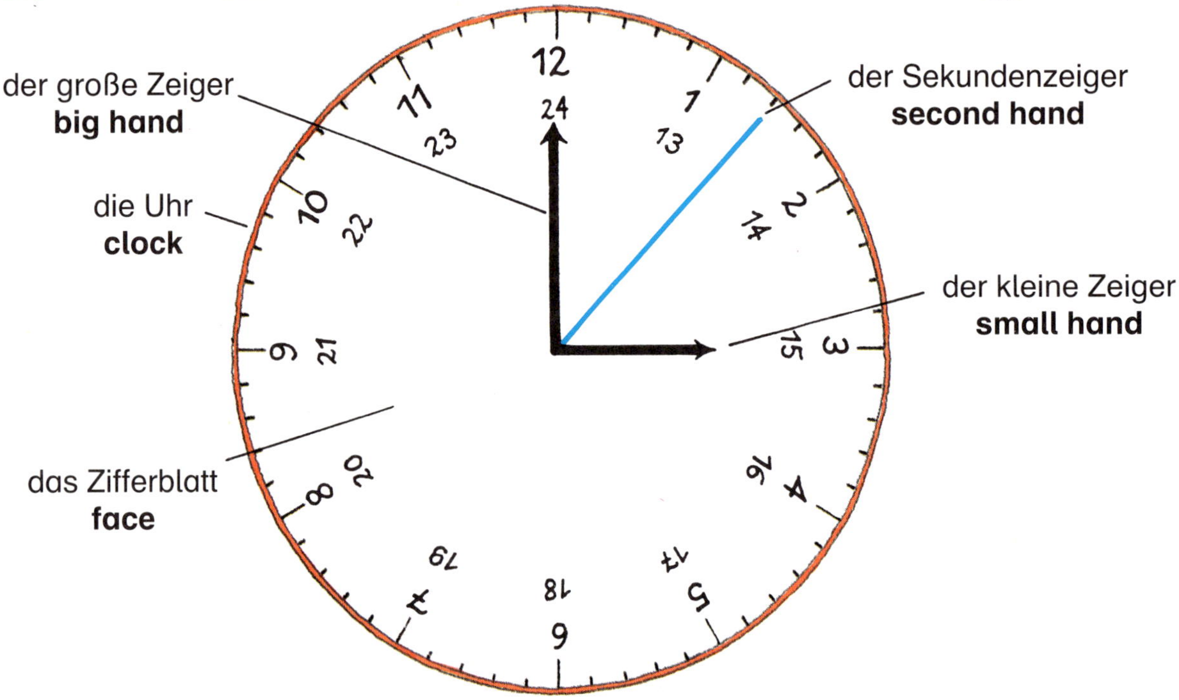

ein Tag = 24 Stunden
one day = 24 hours

eine Minute = 60 Sekunden
one minute = 60 seconds

eine Stunde = 60 Minuten
one hour = 60 minutes

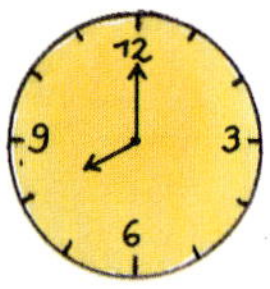

acht Uhr
eight o'clock

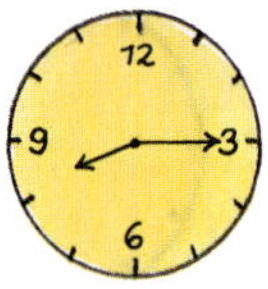

viertel nach acht
a quarter past eight

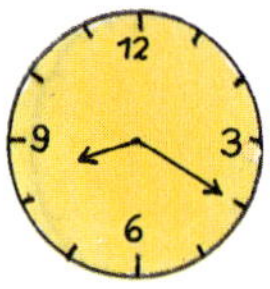

zwanzig nach acht
twenty past eight

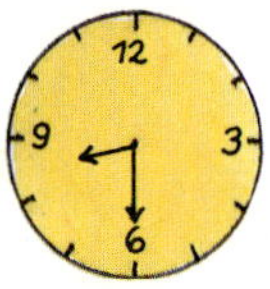

halb neun
half past eight

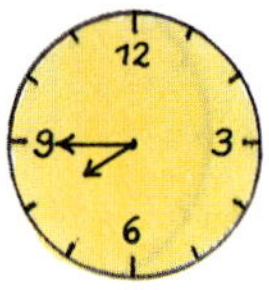

viertel vor acht
a quarter to eight

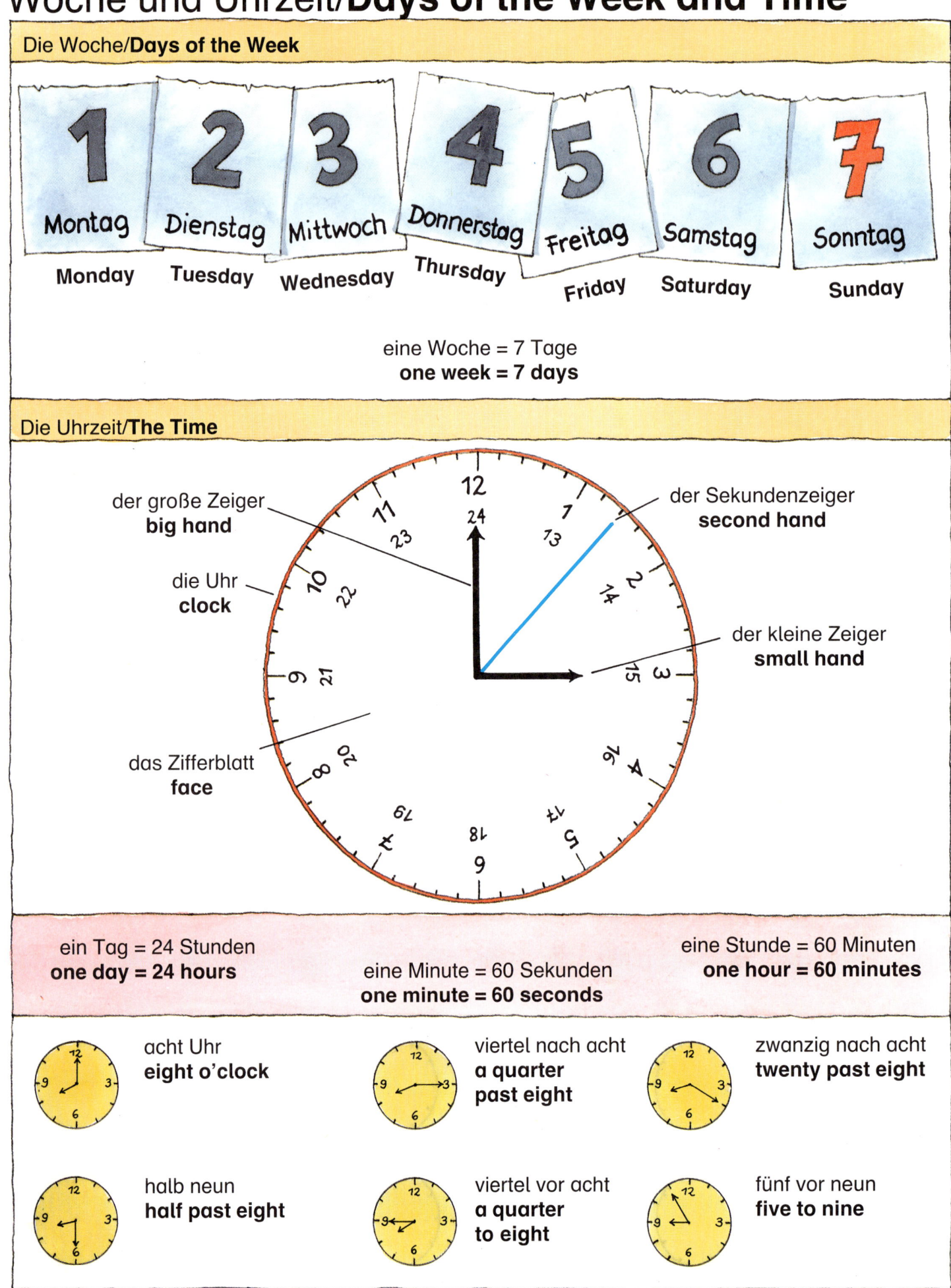

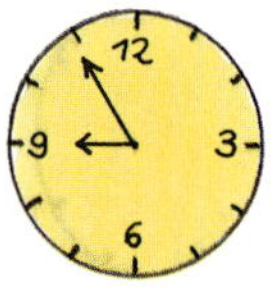

fünf vor neun
five to nine

Zahlen/**Numbers**

1 eins/**one**	2 zwei/**two**	3 drei/**three**	4 vier/**four**	5 fünf/**five**

6 sechs/**six**	7 sieben/**seven**	8 acht/**eight**	9 neun/**nine**	10 zehn/**ten**

11 elf/**eleven**	12 zwölf/**twelve**	13 dreizehn/**thirteen**	14 vierzehn/**fourteen**	15 fünfzehn/**fifteen**

16 sechzehn/**sixteen**	17 siebzehn/**seventeen**	18 achtzehn/**eighteen**	19 neunzehn/**nineteen**	20 zwanzig/**twenty**

Wörterliste

A

Abfluss	14	**drain** [dreɪn]
Abschleppwagen	25	**recovery vehicle** [rɪ'kʌvərɪ'vi:ɪkl]
acht	40, 41	**eight** [eɪt]
achtzehn	41	**eighteen** [eɪ'ti:n]
Affe	28	**monkey** ['mʌŋgkɪ]
Alphabet	21	**alphabet** ['ælfəbet]
Ameise	30	**ant** [ænt]
Ameisenhaufen	30	**anthill** ['ænt,hɪl]
Ampel	23	**traffic lights** ['træfɪk,laɪts]
Anhänger	33	**trailer** ['treɪləʳ]
Anker	24	**anchor** ['æŋkəʳ]
Anorak	9	**anorak** ['ænəræk]
anschauen	35	**to look at** [tu: lʊk æt]
anziehen	34	**to put on** [tu: pʊt ɒn]
Apfel	26	**apple** ['æpl]
Apotheke	23	**pharmacy** ['fa:məsɪ]
April	39	**April** ['eɪprəl]
Aquarium	29	**aquarium** [ə'kweərɪəm]
Arm	7	**arm** [a:m]
Armband	9	**bracelet** ['breɪslɪt]
Armbanduhr	9	**wrist watch** ['rɪstwɒtʃ]
Ast	31	**branch** ['bra:ntʃ]
aufräumen	34	**to tidy up** [tu: taɪdɪ ʌp]
aufwachen	34	**to wake up** [tu: weɪk ʌp]
Auge	6	**eye** [aɪ]
Augenbraue	6	**eyebrow** ['aɪbraʊ]
August	39	**August** ['ɔ:gəst]
Auto	25	**car** [ka:ʳ]
Autobahn	25	**motorway** ['məʊtəʳweɪ]
Axt	32	**axe** [æks]

B

Backblech	11	**baking tray** ['beɪkɪŋ'treɪ]
Backe	6	**cheek** [tʃi:k]
Backofen	10	**oven** ['ʌvn]
Badeanzug	9	**swimming costume** ['swɪmɪŋ'kɒstju:m]
Badehose	9	**swimming trunks** ['swɪmɪŋtrʌŋks]
Bademantel	15	**bathrobe** ['ba:θrəʊb]
Badewanne	14	**bathtub** ['ba:θtʌb]
Badezimmer	14	**bathroom** ['ba:θru:m]
Bäckerei	26	**bakery** ['beɪkərɪ]
Bäuerin	32	**farmer** [fa:məʳ]
Bahnhof	24	**railway station** ['reɪlweɪ'steɪʃən]
Bahnsteig	24	**platform** ['plætfɔ:m]
Ball	18	**ball** ['bɔ:l]
Banane	26	**banana** [bə'na:nə]
Bank	23	**bank** [bæŋk]
Bauch	7	**stomach** ['stʌmək]
Bauer	32	**farmer** [fa:məʳ]
Bauernhaus	32	**farmhouse** ['fa:mhaʊz]
Bauernhof	32	**farm** [fa:m]
Bauklötze	19	**blocks** [blɒks]
Baum	31	**tree** [tri:]
Becher	11	**cup** [kʌp]
Bein	7	**leg** [leg]
Benzin	25	**petrol** ['petrəl]
Berg	31	**mountain** ['maʊntɪn]
Bett	18	**bed** ['bed]
Bettdecke	18	**blanket** ['blæŋkɪt]
Biene	31	**bee** [bi:]
Bikini	9	**bikini** [bɪ'ki:nɪ]
Bild	17	**picture** ['pɪktʃəʳ]
Birne	26	**pear** [pɛəʳ]
Blatt	20	**sheet** [ʃi:t]
Bleistift	21	**pencil** ['pensl]
Blitz	39	**lightning** ['laɪtnɪŋ]
Blockflöte	19	**recorder** [rɪ'kɔ:dəʳ]
Blumen	39	**flowers** [flaʊəʳs]
Blumenladen	23	**flowershop** ['flʊəʳʃɒp]
Bluse	8	**blouse** [blaʊs]
böse	37	**nasty** ['na:stɪ]
Bohne	27	**bean** [bi:n]
Bonbons	27	**sweets** [swi:ts]
Braten	12	**roast meat** ['rəʊst'mi:t]
Bratkartoffeln	13	**fried potatoes** ['fraɪdpə'teɪtəʊs]
Bratwurst	12	**fried sausage** ['fraɪd'sɒsɪdʒ]
Braunbär	28	**brown bear** ['braʊnbɛəʳ]
Brause	14	**shower** ['ʃaʊəʳ]
Brett	11	**board** [bɔ:d]
Brezel	13	**pretzel** ['pretsl]
Briefkasten	28	**letter box** ['letəʳbɒks]
Brille	9	**glasses** [gla:sɪz]
Brötchen	12	**roll** [rəʊl]
Brot	12	**bread** [bred]
Brücke	30	**bridge** [brɪdʒ]
Brust	7	**breast** [brest]
Buch	17, 20, 22	**book** [bʊk]
Buchstabe	20	**letter** ['letəʳ]
Büro	23	**office** ['ɒfɪs]
Bürste	10, 15	**brush** [brʌʃ]
Buntstift	21	**coloured pencil** ['kʌləd'pensl]
Butter	13	**butter** ['bʌtəʳ]

C

Café	23	**café** ['kæfeɪ]
CD	16	**compact disc** [kəm'pækt'dɪsk]
CD-Spieler	16	**CD player** ['sɪ:dɪ:'pleɪəʳ]
Cockpit	24	**cockpit** ['kɒkpɪt]
Comic	19	**comic** ['kɒmɪk]
Computer	19	**computer** [kəm'pju:təʳ]
Creme	15	**cream** [krɪ:m]

D

Dach	33	**roof** [ru:f]
Deckel	10	**lid** [lɪd]
Deodorant	14	**deodorant** [di:'əʊdərənt]
Dezember	38	**December** [dɪ'sembər]
dick	36	**fat** [fæt]
Dienstag	40	**Tuesday** ['tju:zdɪ]
Donner	39	**thunder** ['θʌndəʳ]
Donnerstag	40	**Thursday** ['θɜ:zdɪ]
Dorf	30	**village** ['vɪlɪdʒ]
Dose	11	**tin** [tɪn]
Dosenöffner	11	**tin opener** ['tɪnəʊpənəʳ]
Drachen	38	**kite** [kaɪt]
drei	41	**three** [θri:]
dreizehn	41	**thirteen** ['θɜ:ti:n]
dünn	36	**thin** [θɪn]
Dusche	14	**shower** ['ʃaʊəʳ]
Duschgel	15	**shower gel** ['ʃaʊəʳ'dʒel]
Duschvorhang	14	**shower curtain** ['ʃaʊəʳ'kɜ:tn]

E

Ei	13	**egg** [eg]
Eichhörnchen	31	**squirrel** ['skwɪrəl]
Eidechse	30	**lizard** ['lɪzəd]
Eierbecher	11	**eggcup** [eg'kʌp]
Eingang	28	**entry** ['entrɪ]
Einkaufswagen	26	**trolley** ['trɒlɪ]
Einkaufszettel	26	**shopping list** ['ʃɒpɪŋ'lɪst]
eins	41	**one** [wʌn]
Eis	13	**ice-cream** [aɪskrɪ:m]
Eisbär	29	**polar bear** ['pəʊləʳbɛəʳ]
Eisenbahn	19	**railway** ['reɪlweɪ]

Elefant	28	**elephant** [ˈelɪfənt]
elf	41	**eleven** [ɪˈlevn]
Ellenbogen	7	**elbow** [ˈelbəʊ]
eng	37	**narrow** [ˈnærəʊ]
Ente	33	**duck** [dʌk]
Erbsen	27	**peas** [pi:s]
Erdbeere	26	**strawberry** [ˈstrɔ:bərɪ]
erster	37	**first** [fɜ:st]
Esel	29	**donkey** [ˈdɒŋkɪ]
essen	34	**to eat** [tu: i:t]
Esslöffel	11	**spoon** [spu:n]
Esszimmer	12	**dining-room** [daɪnɪŋˈru:m]
Eule	31	**owl** [aʊl]

F

Fähre	24	**ferry** [ˈferɪ]
Fahrrad	23	**bicycle** [ˈbaɪsɪkl]
falsch	37	**wrong** [rɒŋ]
Familie	28	**family** [ˈfæmɪlɪ]
fangen	35	**to catch** [tu: kætʃ]
Farbkasten	20	**paintbox** [ˈpeɪntbɒks]
Februar	38	**February** [ˈfebrʊərɪ]
Federmäppchen	21	**pencil case** [ˈpenslˈkeɪs]
Feld	33	**field** [fɪ:ld]
Fenster	19	**window** [ˈwɪndəʊ]
Ferkel	32	**piglet** [pɪglet]
fern	37	**far** [fɔ:ʳ]
Fernbedienung	17	**remote control** [rɪˈməʊtkɒnˈtrəʊl]
Fernseher	16	**television set** [ˈtelɪvɪʒənset]
Ferse	7	**heel** [hi:l]
Feuer	17	**fire** [faɪəʳ]
Feuerwehrauto	25	**fire engine** [faɪəʳˈendʒɪn]
Filzstift	21	**felt-tip pen** [ˈfeltˈtɪp pen]
Finger	7	**finger** [ˈfiŋgəʳ]
Fisch	12, 29	**fish** [fɪʃ]
Fischstäbchen	12	**fish fingers** [fɪʃˈfɪŋgəʳs]
Flasche	27	**bottle** [ˈbɒtl]
Fleisch	27	**meat** [mi:t]
Fliege	31	**fly** [flaɪ]
Fliesen	15	**tiles** [taɪls]
flüstern	35	**to whisper** [tu: ˈwɪspəʳ]
Flughafen	24	**airport** [ˈeərpɔ:t]
Flugzeug	24	**aircraft** [ˈeərkra:ft]
Fluss	30	**river** [ˈrɪvəʳ]
Föhn	15	**hair-dryer** [ˈhɛəʳdraɪəʳ]
Fohlen	32	**foal** [fəʊl]
Foto	17	**photo** [ˈfəʊtə]
Frau	17	**woman** [ˈwʊmən]
Freitag	40	**Friday** [ˈfraɪdɪ]
Friseur	23	**hairdresser** [ˈhɛəʳdresəʳ]
fröhlich	37	**cheerful** [ˈtʃɪəfʊl]
Frosch	30	**frog** [frɒg]
Frost	38	**frost** [frɒst]
Frühling	39	**spring** [sprɪŋ]
Fuchs	31	**fox** [fɒks]
Füller	21	**fountain pen** [ˈfaʊntɪn pen]
fünf	40, 41	**five** [faɪv]
fünfzehn	41	**fifteen** [fɪfˈtɪ:n]
Fuß	7	**foot** [fʊt]
Fußgänger	23	**pedestrians** [pɪˈdestrɪəns]
Fußgängerzone	23	**pedestrian precinct** [pɪˈdestrɪənˈpri:sɪŋkt]
Futterkrippe	31	**manger** [ˈmeɪndʒəʳ]

G

Gabel	11	**fork** [fɔ:k]
Gameboy	18	**Gameboy** [ˈgeɪmbɔɪ]
Gangway	24	**steps** [steps]
Gans	33	**goose** [gu:s]
Garderobe	20	**hall-stand** [ˈha:lstænd]
Garten	32	**garden** [ˈga:dn]
geben	35	**to give** [tu: gɪv]
Gefrierschrank	11	**freezer** [ˈfrɪ:zəʳ]
Gegensätze	36	**opposites** [ˈɒpəzɪts]
gehen	34	**to walk** [tu: wɔ:k]
Gehweg	22	**pavement** [ˈpeivmənt]
Gemüse	13, 26	**vegetables** [ˈvedʒɪtəblz]
Geschirr	11	**dishes** [dɪʃɪz]
Geschirrspülmaschine	10	**dishwasher** [ˈdɪʃwɒʃəʳ]
Geschirrtuch	10	**tea towel** [ˈti:ˈtaʊəl]
geschlossen	36	**closed** [kləʊzd]
Gesicht	6	**face** [feɪs]
gesund	37	**healthy** [ˈhelθɪ]
Getränke	27	**beverages** [ˈbevərɪdʒɪz]
Getreide	33	**grain** [greɪn]
Gewitter	39	**thunderstorm** [ˈθʌndəʳstɔ:m]
Gewürze	11	**spices** [spaɪsɪz]
Giraffe	28	**giraffe** [dʒɪˈra:f]
Gitarre	19	**guitar** [gɪˈta:ʳ]
Glas	11	**glass** [gla:s]
glatt	36	**smooth** [smu:ð]
Glied	7	**penis** [ˈpi:nɪs]
Glühbirne	17	**light bulb** [ˈlaɪtbʌlb]
Gorilla	28	**gorilla** [gəˈrɪlə]
Gras	31	**grass** [gra:s]
groß	36	**tall** [tɔ:l]
großer Zeiger	40	**big hand** [bɪghænd]
Gürtel	8	**belt** [belt]
Gummistiefel	9	**rubber boots** [ˈrʌbəʳˈbu:ts]

H

Haare	6	**hair** [hɛəʳ]
Haargummi	15	**rubber band** [ˈrʌbəʳbænd]
Haarspange	15	**hair slide** [ˈhɛəʳ slaɪd]
Haarspray	15	**hair spray** [ˈhɛəʳspraɪ]
Hähnchen	12	**chicken** [ˈtʃɪkɪn]
hässlich	37	**ugly** [ˈʌglɪ]
Hafen	24	**harbour** [ˈha:bəʳ]
Hagel	38	**hailstorm** [ˈheɪlstɔ:m]
Hahn	33	**cock** [kɒk]
Hai	29	**shark** [ʃa:k]
halb	40	**half** [ha:f]
Hals	7	**neck** [nek]
Halskette	9	**necklace** [ˈneklɪs]
Haltestelle	23	**stop** [stɒp]
Hamburger	12	**hamburger** [ˈhæm,bɜ:gəʳ]
Hand	7	**hand** [hænd]
Handpuppe	18	**glove puppet** [glʌv ˈpʌpɪt]
Handschuhe	9	**gloves** [glʌvz]
Handtuch	15	**towel** [ˈtaʊəl]
hart	36	**hard** [ha:d]
Hase	31	**hare** [hɛəʳ]
Haus	22	**house** [haʊz]
Haushaltsartikel	26	**household articles** [ˈhaʊshəʊld a:tɪkls]
Hausschuhe	9	**slippers** [ˈslɪpəʳs]
Heft	21	**book** [bʊk]
heiß	36	**hot** [hɒt]
Hemd	8	**shirt** [ʃɜ:t]
Herbst	38	**autumn** [ˈɔ:təm]
Herd	10	**stove** [stəʊv]
Heu	33	**hay** [heɪ]
Himmel	39	**sky** [skaɪ]
hinfallen	35	**to fall down** [tu: fɔ:l ˈdaʊn]
hinten	36	**behind** [bɪˈhaɪnd]
Hitze	39	**heat** [hi:t]

hoch	37	**high** [haɪ]
Holz	16	**wood** [wʊd]
Honig	12	**honey** ['hʌnɪ]
Hose	8	**trousers** ['traʊzɪz]
Hotel	22	**hotel** [həʊ'tel]
Hubschrauber	24	**helicopter** ['helɪkɒptəʳ]
Hühnerstall	33	**henhouse** ['henhaʊz]
Huhn	33	**chicken** ['tʃɪkɪn]
Hund	33	**dog** [dɒg]
Hundehütte	33	**kennel** ['kenl]
I		
Igel	30	**hedgehog** ['hedʒhɒg]
Imbiss	22	**snack bar** ['snækba:ʳ]
J		
Jacke	9	**jacket** ['dʒækɪt]
Jäger	31	**hunter** [hʌntəʳ]
Jahr	38	**year** [jiə]
Jahreszeit	38	**season** ['si:zn]
Januar	38	**January** ['dʒænjʊərɪ]
Jeans	8	**jeans** [dʒi:ns]
Jogurt	27	**yoghurt** ['jɒgət]
Juli	39	**July** [dʒu:'laɪ]
Junge	39	**boy** [bɔɪ]
Juni	39	**June** [dʒu:n]
K		
Käfer	30	**beetle** ['bi:tl]
Käfig	28	**cage** [keɪtʃ]
kämmen	34	**to comb** [tu: kəʊm]
Känguru	28	**kangaroo** [kæŋgə'ru:]
Käse	12, 26	**cheese** [tʃi:z]
Kaffee	13	**coffee** ['kɒfɪ]
Kaffeemaschine	11	**coffee machine** ['kɒfɪ mæ'ʃi:n]
Kakao	12	**cocoa** ['kəʊkəʊ]
Kalb	32	**calf** [ka:f]
kalt	36	**cold** [kəʊld]
Kamel	28	**camel** ['kæməl]
Kamin	17	**fireplace** ['faɪəʳpleɪs]
Kamm	15	**comb** [kəʊm]
Kaninchen	33	**rabbit** ['ræbɪt]
Kaninchenstall	33	**rabbit hutch** ['ræbɪthʌtʃ]
Kanne	13	**pot** [pɒt]
Kapitän	24	**captain** ['kæptɪn]
Kartenspiel	18	**deck of cards** [dekɒfka:ds]
Kasse	27	**cash register** [kæʃ'redʒɪstəʳ]
Kassette	16	**cassette** [kæ'set]
Kassettenrekorder	16	**cassette recorder** [kæ'setrɪ'kɔ:dəʳ]
Katze	33	**cat** [kæt]
Kaufhaus	23	**department store** [dɪ'pa:tməntstɔ:ʳ]
Kaufmannsladen	18	**toy grocer's shop** [tɔɪ 'grəʊsəʳs 'ʃɒp]
Kaugummi	27	**chewing gum** ['tʃu:ɪŋgʌm]
Kekse	27	**biscuits** ['bɪskɪts]
Kerze	16	**candle** ['kændl]
Kerzenständer	16	**candlestick** ['kændlstɪk]
Ketschup	13	**ketchup** ['ketʃəp]
Kinder	38	**children** ['tʃɪldrən]
Kinderzimmer	18	**children's room** ['tʃɪldrənsru:m]
Kinn	6	**chin** [tʃɪn]
Kino	22	**cinema** ['sɪnəmə]
Kirche	22	**church** [tʃɜ:tʃ]
Kirsche	26	**cherry** ['tʃerɪ]
Kissen	17	**cushion** ['kʊʃən]
Klassenbuch	20	**register** ['redʒɪstəʳ]
Klassenzimmer	20	**classroom** ['kla:sru:m]
Klebstoff	21	**glue** [glu:]
Kleid	9	**dress** [dres]
Kleiderbügel	9	**coathanger** [kəʊt'hæŋgəʳ]
Kleiderschrank	9	**wardrobe** ['wɔ:drəʊb]
Kleidung	8	**clothes** ['kləʊðz]
klein	36	**short** [ʃɔ:t]
kleiner Zeiger	40	**small hand** [smɔ:lhænd]
Knie	7	**knee** [ni:]
Knopf	8	**button** ['bʌtn]
Kochlöffel	11	**cooking spoon** ['kʊkɪŋspu:n]
Körper	7	**body** ['bɒdɪ]
Konserven	26	**tinned food** [tind'fu:d]
Kopf	7	**head** [hed]
Kopfkissen	18	**pillow** ['pɪləʊ]
Korkenzieher	11	**corkscrew** ['kɔ:kskru:]
krank	37	**ill** [ɪl]
Krankenwagen	25	**ambulance** ['æmbjʊləns]
Kreide	20	**chalk** [tʃɔ:k]
Kreuzung	23	**crossroads** ['krɒsrəʊds]
Krokodil	29	**crocodile** ['krɒkədaɪl]
Kuchen	13	**cake** [keɪk]
Kuchenform	10	**cake tin** ['keɪktɪn]
Küche	10	**kitchen** ['kɪtʃɪn]
Küchenmesser	11	**kitchen knife** ['kɪtʃɪnnaɪf]
Küchenrolle	10	**kleenex** ['kli:neks]
Kühlschrank	11	**refrigerator** [rɪ'frɪdʒəreɪtəʳ]
Küken	33	**chick** ['tʃɪk]
küssen	35	**to kiss** [tu: kɪs]
Kugelschreiber	21	**biro** ['baɪrəʊ]
Kuh	32	**cow** [kaʊ]
Kunde	27	**client** ['klaɪənt]
Kundin	27	**client** ['klaɪənt]
kurz	36	**short** [ʃɔ:t]
kurze Hose	8	**shorts** [ʃɔ:ts]
Kuscheltier	18	**stuffed animal** [stʌfd'ænɪməl]
L		
lachen	35	**to laugh** [tu: la:f]
Lamm	32	**lamb** [læm]
Lampe	17	**lamp** [læmp]
Landkarte	21	**map** [mæp]
lang	36	**long** [lɒŋ]
langsam	36	**slow** [sləʊ]
Lastwagen	25	**lorry** ['lɒrɪ]
Latzhose	8	**dungarees** [dʌŋgə'rɪ:z]
laut	37	**loud** [laʊd]
leer	36	**empty** ['emptɪ]
Legosteine	19	**lego** [lego]
Lehrerin	21	**teacher** [ti:tʃəʳ]
leicht	36	**light** [laɪt]
leise	37	**quiet** ['kwaɪət]
Leiter	18	**ladder** ['lædəʳ]
lesen	34	**to read** [tu: ri:d]
letzter	37	**last** [la:st]
lieb	37	**kind** [kaɪnd]
liegen	34	**to lie** [tu: laɪ]
Lineal	20	**ruler** ['ru:ləʳ]
links	36	**left** [left]
Lippe	6	**lip** [lɪp]
Lippenstift	14	**lipstick** [lɪpstɪk]
Litfaßsäule	22	**advertising column** ['ædvətaɪzɪŋ'kɒləm]
Löwe	28	**lion** [laɪən]
Lokomotive	24	**locomotive** [ləʊkəʊ'məʊtɪv]
Luft	24	**air** ['eəʳ]
Luftballon	18	**balloon** [bə'lu:n]
Luftkissenboot	24	**hovercraft** ['hɒvəʳkra:ft]
Lutscher	27	**lollipop** ['lɒlɪpɒp]

M

Mädchen	39	**girl** [gɜ:l]
Mähdrescher	33	**combine harvester** [kəm'baın 'ha:vıstəʳ]
März	39	**March** [ma:tʃ]
Mai	39	**May** [meı]
malen	34	**to draw** [tu: drɔ:]
Mann	17	**man** [mæn]
Mantel	9	**coat** [kəʊt]
Marionette	18	**puppet** ['pʌpıt]
Marmelade	13	**jam** [dʒæm]
Matrose	24	**sailor** ['seıləʳ]
Maulwurf	30	**mole** [məʊl]
Maus	30	**mouse** [maʊs]
Meer	39	**sea** [si:]
Mehl	26	**flour** ['flaʊəʳ]
Messer	11	**knife** [naıf]
Mikrowellenherd	11	**microwave oven** ['maıkrəʊweıf'ʌvn]
Milch	12	**milk** [mılk]
Milchkännchen	13	**milk jar** ['mılkdʒʌr]
Minute	40	**minute** ['mınıt]
Misthaufen	33	**manure heap** [mən'jʊəʳhı:p]
Mittwoch	40	**Wednesday** ['wenzdı]
Mohrrübe	27	**carrot** ['kærət]
Monat	38	**month** ['mʌnθ]
Montag	40	**Monday** ['mʌndı]
Motorboot	24	**motorboat** ['məʊteʳbəʊt]
Motorrad	25	**motorcycle** ['məʊteʳ,saıkl]
Müllabfuhr	25	**refuse collection** [rı'fju:z kə'lekʃən]
Müllcontainer	22	**recycling bin** [,ri:'saıklıŋbın]
Mülleimer	10	**rubbish bin** ['rʌbıʃbın]
Müsli	12	**muesli** [mʊslı]
Mütze	9	**cap** [kæp]
Mund	6	**mouth** ['maʊθ]
Murmeln	19	**marbles** ['ma:bls]
Museum	23	**museum** [mju:'zıəm]
Mutter	13	**mother** ['mʌðəʳ]

N

Nachthemd	8	**nightdress** ['naıtdres]
Nacken	7	**neck** [nek]
Nageletui	14	**nailcare-set** ['naılkɛəʳset]
nah	37	**near** [nıəʳ]
Nase	6	**nose** [nəʊs]
Nashorn	28	**rhino** ['raınəʊ]
nass	36	**wet** [wet]
Nebel	39	**fog** [fɒg]
nehmen	35	**to take** [tu: teık]
neun	40, 41	**nine** [naın]
neunzehn	41	**nineteen** [naın'ti:n]
niedrig	37	**low** [ləʊ]
Nilpferd	29	**hippo** ['hıpəʊ]
Notrufsäule	25	**emergency telephone** [ı'mɜdʒənsı'telıfəʊn]
November	38	**November** [nəʊ'vembəʳ]
Nudelholz	10	**rolling pin** [rəʊlıŋpın]
Nudeln	26	**noodles** [nu:dls]

O

oben	37	**on top** [ɒn tɒp]
Obst	26	**fruit** [fru:t]
Obstbäume	32	**fruit trees** ['fru:t'trı:s]
offen	36	**open** ['əʊpən]
Ohr	6	**ear** [ıəʳ]
Ohrring	9	**earring** [ı'əʳrıŋ]
Oktober	38	**October** [ɒk'təʊbəʳ]
Omnibus	25	**coach** [kəʊtʃ]
Ordner	20	**file** [faıl]
Ortsschild	23	**place name sign** ['pleıs'neım'saın]

P

Pandabär	29	**panda** ['pænda]
Papagei	28	**parrot** ['paerət]
Papierkorb	20	**bin** [bın]
Papiertaschentücher	26	**tissues** ['tıʃju:s]
Parfüm	14	**perfume** ['pɜ:fju:m]
Parkplatz	25	**car park** ['ka:ʳ pa:k]
Parkuhr	23	**parking meter** ['pa:kıŋ'mi:təʳ]
Patrone	21	**cartridge** ['ka:trıdʒ]
Pausenbrot	20	**snack** [snæk]
Pfanne	10	**pan** [pæn]
Pfannenwender	11	**scraper** ['skreıpəʳ]
Pfau	29	**peacock** ['pı:kɒk]
Pfeffermühle	13	**pepper-mill** [pepeʳmıl]
Pferd	32	**horse** [hɔ:s]
Pfirsich	26	**peach** [pi:tʃ]
Pflug	32	**plough** [plaʊ]
Pilot	24	**pilot** ['paılət]
Pilze	31	**mushrooms** ['mʌʃrʊms]
Pinguin	29	**penguin** ['peŋgwın]
Pinsel	20	**brush** [brʌʃ]
Pizza	12	**pizza** ['pi:tsə]
Po	7	**bottom** ['bɒtəm]
Polizeiauto	25	**police car** [pə'li:ska:ʳ]
Polizist	23	**policeman** [pə'li:smæn]
Pommes frites	12	**chips** [tʃıps]
Pony	29	**pony** ['pəʊnı]
Post	22	**post office** ['pəʊst'ɒfıs]
Poster	18	**poster** ['pəʊstəʳ]
Pudding	13	**pudding** ['pʊdıŋ]
Pullover	8	**jumper** ['dʒʌmpəʳ]
Puppe	18	**doll** [dɒl]
Puppenhaus	18	**doll's house** [dɒlshaʊs]
Puppenwagen	18	**doll's pram** [dɒlspræm]
Puzzle	18	**jigsaw puzzle** ['dʒıgsɔ:pʌzl]

Q

Quark	13	**curd cheese** [kɜ:dtʃı:z]

R

Radiergummi	21	**rubber** ['rʌbəʳ]
Radio	16	**radio** ['reıdıəʊ]
Rasierapparat	15	**razor** ['reızəʳ]
Rasierwasser	14	**aftershave lotion** ['a:ftəʳʃeıvləʊʃən]
Raststätte	25	**service area** ['sɜ:vıs 'ɛərıə]
Rathaus	22	**town hall** ['taʊn hɔ:l]
rau	36	**rough** [rʌf]
rechnen	34	**to calculate** [tu: 'kælkjʊleıt]
rechts	36	**right** [raıt]
reden	35	**to talk** [tu: tɔ:k]
Regal	19	**shelves** [ʃelfz]
Regen	39	**rain** [reın]
Regenbogen	39	**rainbow** ['reınbəʊ]
Regenjacke	9	**raincoat** ['reınkəʊt]
Regenschirm	9	**umbrella** [ʌm'brelə]
Reh	31	**deer** [dıəʳ]
Rehbock	31	**roebuck** ['rəʊbʌk]
Reibe	10	**grater** [greıtəʳ]
Reinigungsmittel	26	**cleansing agents** ['klenzıŋ'eıdʒəntz]
Reis	13	**rice** [raıs]
Reißverschluss	8	**zipper** ['zıpəʳ]
Reklame	22	**advertisement** [æd'vɜ:ʳtısmənt]
rennen	34	**to run** [tu: rʌn]
Restaurant	22	**restaurant** ['restərɔ:ŋ]
richtig	37	**right** [raıt]
Ring	9	**ring** [rıŋ]
Rock	8	**skirt** [skɜ:t]
Rücken	7	**back** ['bæk]

S

Saft	13	**juice** [dʒu:s]
Sahne	27	**cream** [krı:m]
Salat	13	**salad** ['sæləd]
Salz	26	**salt** [sɔ:lt]
Salzstreuer	13	**salt shaker** [sɔ:lt'ʃeıkəʳ]
Samstag	40	**Saturday** ['sætədı]
Sandalen	9	**sandals** [sændls]
sauber	36	**clean** [klı:n]
Schaf	32	**sheep** [ʃi:p]
Schaffner	24	**conductor** [kən'dʌktəʳ]
Schal	9	**scarf** [skɔ:f]
Schallplatte	16	**record** ['rekɔ:d]
Schallplattenspieler	16	**record player** ['rekɔ:dpleıəʳ]
Schaumbad	15	**bubble bath** ['bʌblba:θ]
Scheide	7	**vagina** [və'dʒaınə]
Schere	21	**scissors** ['sızəz]
Scheune	33	**barn** [ba:n]
schieben	35	**to push** [tu: pʊʃ]
Schienen	24	**tracks** [træks]
Schiff	24	**ship** [ʃıp]
Schlafanzug	8	**pyjamas** [pə'dʒa:məz]
schlafen	34	**to sleep** [tu: sli:p]
Schlange	29	**snake** [sneık]
Schminkzeug	14	**make-up** ['meıkʌp]
schmutzig	36	**dirty** ['dɜ:tı]
Schnecke	31	**snail** [sneıl]
Schnee	38	**snow** [snəʊ]
Schneebesen	11	**whisk** [wısk]
schnell	36	**fast** [fa:st]
Schnitzel	12	**schnitzel** ['ʃnıtsəl]
schön	37	**beautiful** ['bju:tıfʊl]
Schokolade	27	**chocolate** ['tʃɒklıt]
Schrank	16	**cabinet** ['kæbınıt]
schreiben	34	**to write** [tu: raıt]
Schreibtisch	19	**desk** [desk]
schreien	35	**to yell** [tu: jel]
Schubkarre	32	**wheelbarrow** ['wi:l,bærəʊ]
Schüler	21	**pupil** [pju:pl]
Schülerin	21	**pupil** [pju:pl]
Schürze	11	**apron** ['eıprən]
Schüssel	10	**bowl** [bəʊl]
Schuhe	9	**shoes** [ʃu:z]
Schulbuch	20	**school book** ['sku:lbʊk]
Schule	20	**school** ['sku:l]
Schulhof	20	**school playground** ['sku:l'pleıgraʊnd]
Schulranzen	20	**satchel** [sætʃəl]
Schulter	7	**shoulder** ['ʃəʊldəʳ]
Schwamm	10, 21	**sponge** [spɒndʒ]
Schwan	30	**swan** [swɒn]
Schwein	32	**pig** [pıg]
schwer	36	**heavy** ['hevı]
sechs	41	**six** [sıks]
sechzehn	41	**sixteen** [,sıks'ti:n]
See	30	**lake** [leık]
Seehund	29	**seal** [si:l]
Segelflugzeug	24	**glider** [glaıdəʳ]
Seife	15	**soap** [səʊp]
Sekunde	40	**second** ['sekənd]
Sekundenzeiger	40	**second hand** ['sekənd'hænd]
Senf	13	**mustard** ['mʌstəd]
Sense	32	**scythe** [saıð]
September	38	**September** [sep'tembəʳ]
Serviette	13	**napkin** ['næpkın]
Sessel	17	**easy chair** ['ı:zı'tʃɛəʳ]
Setzkasten	20	**case** [keıs]
Shampoo	15	**shampoo** [ʃæm'pu:]
Sieb	10	**sieve** [si:v]
sieben	41	**seven** ['sevn]
siebzehn	41	**seventeen** [,sevn'ti:n]
singen	34	**to sing** [tu: sıŋ:]
sitzen	34	**to sit** [tu: sıt]
Socken	8	**socks** [sɒks]
Sofa	17	**sofa** [səʊfə]
Sommer	39	**summer** ['sʌməʳ]
Sonderangebot	26	**sale** [seıl]
Sonne	39	**sun** [sʌn]
Sonntag	40	**Sunday** ['sʌndeı]
Soße	12	**sauce** [sɔ:s]
Spagetti	12	**spaghetti** [spə'getı]
Spiegel	15	**mirror** ['mırəʳ]
Spiegelei	12	**fried egg** ['fraıdeg]
Spielbrett	19	**board** [bɔ:d]
spielen	34	**to play** [tu: 'pleı]
Spielkiste	19	**toy box** ['tɔıbɒks]
Spielsteine	19	**pieces** [pi:sız]
Spielzeugauto	18	**toy car** ['tɔıkɔ:ʳ]
Spinne	30	**spider** ['spaıdəʳ]
Spitzer	21	**sharpener** ['ʃa:pnəʳ]
springen	35	**to jump** [tu: dʒʌmp]
Spüle	10	**sink** [sıŋk]
Spülmittel	10	**washing-up liquid** ['wɒʃıŋʌplıkwıd]
Stadt	22	**town** [taʊn]
Stadtbücherei	22	**municipal library** [mju:'nısıpəl'laıbrərı]
Stall	33	**stable** ['steıbl]
Stamm	31	**trunk** [trʌnk]
Stau	25	**traffic jam** ['træfık'dʒæm]
Steckdose	17	**socket** ['sɒkıt]
Steckenpferd	19	**hobby-horse** ['hɒbıhɔ:s]
stehen	34	**to stand** [tu: stænd]
Stein	30	**stone** [stəʊn]
Stereoanlage	16	**stereo** ['sterıəʊ]
Stewardess	24	**stewardess** ['stju:ədıs]
Stier	32	**bull** [bʊl]
Stirn	6	**forehead** ['fɔ:hed]
Stöpsel	14	**plug** [plʌg]
Strand	39	**beach** [bı:tʃ]
Straße	22, 25	**street** [stri:t]
Straßenbahn	24	**tram** [træm]
Straßenlaterne	23	**street lantern** [stri:t 'læntən]
Straßenmaler	22	**street artist** [stri:t 'a:tıst]
Straßenmusikant	22	**street musician** [stri:t mju:'zıʃən]
Straßenschild	23	**sign** [saın]
Strauß	28	**ostrich** ['ɒstrıtʃ]
streicheln	35	**to pet** [tu: pet]
Streichelzoo	29	**pet zoo** [pet 'zu:]
Streichhölzer	17	**matches** [mætʃız]
Strickjacke	8	**cardigan** ['ka:dıgən]
Strohballen	33	**bale of straw** [beıl ɒf strɔ:]
Strümpfe	8	**stockings** ['stɒkıŋs]
Strumpfhose	8	**tights** [taıts]
Stuhl	16	**chair** [tʃɛəʳ]
Stunde	40	**hour** ['aʊəʳ]
Sturm	38	**storm** [stɔ:m]
Süßigkeiten	27	**sweets** [swı:ts]
Supermarkt	26	**supermarket** ['su:pəma:kıt]
Suppe	12	**soup** [su:p]
Suppenkelle	11	**soup ladle** [su:p leıdl]
Suppenteller	11	**soup plate** [su:p pleıt]
Sweatshirt	8	**sweatshirt** ['swetʃɜ:rt]

T

Tablett ... 12 **tray** [traɪ]
Tafel ... 20 **blackboard** ['blækbɔ:d]
Tag ... 40 **day** [deɪ]
Tal ... 31 **valley** ['vælɪ]
Tankstelle ... 25 **petrol station** ['petrəl'staɪʃən]
Tasche ... 27 **bag** [bæg]
Tasse ... 11 **cup** [kʌp]
Taxi ... 22 **cab** [kæb]
Teddy ... 18 **teddy bear** ['tedɪbɛəʳ]
Tee ... 12 **tea** ['ti:]
Teelöffel ... 11 **teaspoon** ['ti:spu:n]
Telefon ... 17 **telephone** ['telɪfəʊn]
Telefonzelle ... 22 **phone booth** ['fəʊnbu:θ]
Teller ... 11 **plate** [pleɪt]
Teppich ... 16 **carpet** ['ka:pɪt]
Tesafilm ... 21 **adhesive tape** [əd'hɪ:zivteɪp]
Thermometer ... 38 **thermometer** [θə'mɒmɪtəʳ]
Tiernahrung ... 26 **pet food** ['petfu:d]
Tierwärter ... 29 **zoo-keeper** ['su:ki:pər]
Tiger ... 29 **tiger** [taɪgəʳ]
Tisch ... 16 **table** [teɪbl]
Toast ... 12 **toast** [təʊst]
Toaster ... 11 **toaster** [təʊstəʳ]
Toilette ... 15 **toilet** ['tɔɪlɪt]
Toilettenbürste ... 14 **toilet brush** ['tɔɪlɪt'brʌʃ]
Toilettenpapier ... 15 **toilet paper** ['tɔɪlɪt'peɪpəʳ]
Topf ... 10 **pot** [pɒt]
Topflappen ... 10 **panholder** ['pæn'həʊldəʳ]
Tower ... 24 **control tower** [kən'trəʊl'taʊəʳ]
träumen ... 34 **to dream** [tu: drɪ:m]
tragen ... 35 **to carry** [tu: 'kærɪ]
Trainingsanzug ... 8 **track-suit** ['træk'su:t]
Traktor ... 32 **tractor** ['træktəʳ]
traurig ... 37 **sad** [sæd]
Treppe ... 23 **stairs** [stɛəʳs]
trinken ... 34 **to drink** [tu: drɪŋk]
trocken ... 36 **dry** [draɪ]
Trommel ... 19 **drum** [drʌm]
Truthahn ... 33 **turkey** ['tɜ:kɪ]
T-Shirt ... 8 **T-shirt** [ti:ʃɜ:t]
Tür ... 32 **door** [dɔ:ʳ]
tun ... 34 **to do** [tu: du:]
Turnschuhe ... 9 **gym shoes** [dʒɪmʃu:s]

U

U-Bahn ... 23 **subway** ['sʌbweɪ]
Uhr ... 40 **clock** [klɒk]
Uhrzeit ... 40 **time** [taɪm]
umarmen ... 35 **to embrace** [tu: ɪm'breɪs]
unten ... 37 **at the bottom** [ət ðə 'bɒtəm]
Unterhemd ... 8 **vest** [vest]
Unterhose ... 8 **pants** [pænts]
Untertasse ... 11 **saucer** ['sɔ:səʳ]

V

Vase ... 17 **vase** [va:z]
Vater ... 13 **father** [fa:ðəʳ]
Verkäuferin ... 26 **shop assistant** [ʃɒpə'sɪstənt]
Verkehr ... 24, 25 **traffic** ['træfɪk]
Verkehrsschild ... 25 **traffic sign** ['træfɪk'saɪn]
Videokassette ... 16 **video cassette** ['vɪdɪəʊkæ'set]
Videorekorder ... 16 **video recorder** ['vɪdɪəʊrɪ'kɔ:əʳ]
viel ... 37 **a lot of** [ə lɒt ɒf]
vier ... 41 **four** [fɔ:ʳ]
Viertel ... 40 **quarter** ['kwɔ:təʳ]
vierzehn ... 41 **fourteen** [,fɔ:'tɪ:n]
Vogel ... 31 **bird** [bɜ:d]
Vogelkäfig ... 16 **bird-cage** ['bɜ:d'keɪdʒ]]
Vogelscheuche ... 30 **scarecrow** ['skɛəʳkrəʊ]
voll ... 36 **full** [fʊl]
Vorhang ... 17 **curtain** ['kɜ:tn]
vorne ... 36 **in front of** [ɪn frʌntɒf]

W

Waage ... 15 **scales** ['skeɪls]
Wachsmalstift ... 21 **wax crayon** ['wæks'kreɪən]
Wärmflasche ... 14 **hot-water bottle** [hɒt'wɔ:tər'bɒtl]
Wäsche ... 15 **laundry** ['lɔ:ndrɪ]
Wäschetrockner ... 14 **drier** ['draɪəʳ]
Waggon ... 24 **waggon** [wægən]
Wald ... 30 **forest** ['fɒrɪst]
Wand ... 17 **wall** [wɔ:l]
Wanderer ... 30 **hikers** [haɪkəʳs]
Waschbecken ... 15 **wash basin** ['wɒʃbeɪsn]
Waschbeutel ... 14 **sponge bag** ['spʌdʒbæg]
waschen ... 34 **to wash** [tu: wɒʃ]
Waschlappen ... 14 **flannel** ['flænl]
Waschmaschine ... 14 **washing machine** ['wɒʃɪŋmæ'ʃi:n]
Wasser ... 24 **water** ['wɔ:təʳ]
Wasserhahn ... 14 **water tap** ['wɔ:təʳ'tæp]
Watte ... 15 **cotton wool** ['kɒtnwu:l]
Wecker ... 18 **alarm clock** [ə'la:mklɒk]
Weg ... 30 **path** [pa:θ]
Wegweiser ... 30 **sign** [saɪn]
weich ... 36 **soft** [sɒft]
Weide ... 32 **pasture** ['pa:stʃəʳ]
weinen ... 35 **to cry** [tu: kraɪ]
weit ... 37 **wide** [waɪd]
wenig ... 37 **little** ['lɪtl]
werfen ... 35 **to throw** [tu: θrəʊ]
Wetter ... 38, 39 **weather** ['weðəʳ]
Wiese ... 30 **meadow** ['medeʊ]
Wildschwein ... 31 **wild pig** [waɪldpɪg]
Wind ... 38 **wind** [wɪnd]
Winter ... 38 **winter** ['wɪntəʳ]
Woche ... 40 **week** [wi:k]
Wohnzimmer ... 16 **living-room** ['lɪvɪŋru:m]
Wolke ... 39 **cloud** [klaʊd]
Wort ... 21 **word** [wɜ:d]
Würfel ... 19 **die** [daɪ]
Wurst ... 12, 26 **sausage** ['sɒsɪdʒ]

X

Xylophon ... 19 **xylophone** ['zaɪləfəʊn]

Z

Zähne putzen ... 34 **to brush one's teeth** [tu: brʌʃ wʌns ti:θ]
Zahl ... 20 **number** [nʌmbeʳ]
Zahlen ... 41 **numbers** [nʌmbeʳs]
Zahn ... 6 **tooth** [tu:θ]
Zahnbürste ... 15 **tooth brush** ['tu:θ'brʌʃ]
Zahnpasta ... 15 **toothpaste** ['tu:θpeɪst]
Zahnputzbecher ... 15 **toothbrush glass** ['tu:θ'brʌʃgla:s]
Zaun ... 33 **fence** [fens]
Zebra ... 28 **zebra** ['zebrə]
Zebrastreifen ... 23 **zebra crossing** ['zebrə'krɒsɪŋ]
Zeh ... 7 **toe** [təʊ]
zehn ... 41 **ten** [ten]
Zeichenblock ... 21 **drawing pad** ['drɔ:wɪŋpæd]
Zeichnung ... 21 **drawing** ['drɔ:wɪŋ]
zeigen ... 35 **to show** [tu: ʃəʊ]
Zeitschriften ... 27 **magazines** [,mægə'zi:ns]
Zeitung ... 17 **newspaper** ['nju:z,peɪpəʳ]
Zelt ... 30 **tent** [tent]